Das Buch

Bekannte und weniger bekannte Mythen hat Marie Luise Kaschnitz in diesen frühen, sehr persönlich gefärbten Nacherzählungen dargestellt. Da ist von den vielerlei Gesichtern der Sibylle, den Erlebnissen Jasons bei der Zurückgewinnung des Goldenen Vlieses und der Geschichte der unglücklichen Niobe ebenso die Rede wie von den Dioskuren, Odysseus, der Zauberin Circe, Philemon und Baukis, Dido und Eos, die in der griechischen Sage sowohl die Morgenröte als auch den strahlenden Tag verkörpert. Diese mythologischen Gestalten werden dem Leser als Gleichnisse menschlichen Schicksals nahegebracht. »Marie Luise Kaschnitz setzt bei ihrem Leser keine Spezialkenntnisse voraus, sie hat nicht für Fachleute geschrieben. Sie selbst hat sich, seit der Mitte der dreißiger Jahre, auf Reisen mit ihrem Mann, dem Archäologen Guido von Kaschnitz-Weinberg, in Griechenland und Italien von antiken Vasenbildern und dann von den schriftlich überlieferten Geschichten der griechischen Götter anregen lassen. Sie hat die verschiedenen Überlieferungen studiert, die Spuren einzelner Mythen von der Antike über Rom bis gelegentlich hin zur Gegenwart verfolgt und dann erzählerische Einzelbilder mythischer Gestalten gezeichnet.« (Der Tagesspiegel)

Die Autorin

Marie Luise Kaschnitz, am 31. 1. 1901 in Karlsruhe geboren, verbrachte viele Jahre in Rom, Königsberg und Frankfurt. Für ihr lyrisches, episches und essayistisches Gesamtwerk erhielt sie zahlreiche Auszeichnungen. Sie starb am 10. 10. 1974 in Rom.

Marie Luise Kaschnitz:
Griechische Mythen

Deutscher
Taschenbuch
Verlag

Von Marie Luise Kaschnitz
sind im Deutschen Taschenbuch Verlag erschienen:
Lange Schatten (243)
Wohin denn ich (455)
Die fremde Stimme (620)
Engelsbrücke (1107)
Überallnie (sr 5373)

Ungekürzte Ausgabe
1. Auflage Juni 1975
3. Auflage Oktober 1977: 23. bis 28. Tausend
Deutscher Taschenbuch Verlag GmbH & Co. KG,
München

ISBN 3-546-45177-5
Umschlaggestaltung: Celestino Piatti
Satz: IBV Lichtsatz KG, Berlin
Druck und Bindung: C. H. Beck'sche Buchdruckerei,
Nördlingen
Printed in Germany · ISBN 3-423-01079-7

Inhalt

Vorwort

Die Auswahl der von mir in diesem Buche behandelten mythologischen Gestalten ist auf eine durchaus persönliche Weise erfolgt. Was immer mich beim Lesen der griechischen Sagen und ihrer späteren Umdichtungen am unmittelbarsten berührte, habe ich neu aufzuzeichnen und auf meine Art zu deuten versucht. Rückblickend erst sah ich, daß alle diese Götter, Halbgötter, Heroen und Fabelwesen etwas gemeinsam hatten. Dieses Gemeinsame lag in dem Wandel ihres Bildes im Lauf der Zeiten. Es war ihr Weg aus dem dunkeln Urgrund des Elementaren in das lichtere Reich der homerischen Götterwelt, aus dem unbewußten Walten der zeugerischen und vernichtenden Naturkräfte in den Machtbereich des vom Schicksal bedrohten, aber nach eigenem Willen handelnden Menschengeistes hinein. Solches Streben vom Dunkeln ins Helle ist befreiend, aber auch gefährlich. Sein Ausgangsort ist der Mutterschoß der Höhle, sein Endziel die reinste Unsterblichkeit, die Idee. Allem Hinaus- und Hinaufstreben, aller Überwindung der rohen Urgestalt jedoch steht ein anderes entgegen, ein leidenschaftliches Zurückverlangen nach dem Ort des Ursprungs, nach dem alten Einssein mit der großen, verschwenderisch gebärenden und sinnlos zerstörenden Natur. Durch eine ewig flutende Sehnsucht sind Sterbliche und Unsterbliche miteinander verbunden, und selbst die Götter dürsten nach den Geheimnissen der unteren Welt. In der Deutung dieser Wechselbeziehung, in der Aufzeichnung der großartigen und tragischen Befreiung des Menschengeistes von der Urnatur mag die unbewußte Absicht dieses Buches zu erkennen sein.

Bollschweil, im Herbst 1943

Die Sibylle

Die Sibylle der Mythen ist so alt wie die Welt. Eine Schwiegertochter Noahs wird sie genannt, aber auch die Tochter einer unsterblichen Nymphe und eines brotessenden Vaters, und es heißt, daß sie, auf einem Felsen sitzend, gleich nach ihrer Geburt zu weissagen begann. Wie sie die Namen aller Dinge kannte, war Fernes ihr gegenwärtig und Zukünftiges offenbar. Sie lebte tausend Jahre lang, wanderte und kündete die Zukunft, und im Laufe dieser Zeit verzehrte sich ihr Leib und schwand hin, bis nur ihre Stimme noch blieb. In einem goldenen Käfig aufgehängt wie ein seltsamer Vogel hielt diese Stimme Zwiesprache mit den Vorübergehenden, klagte und ersehnte sich den Tod. Anderer Kunde zufolge starb die Sibylle von den Pfeilen Apollons getroffen; ihr Körper blieb unbestattet und tränkte die Erde mit seinem Blut, und die Tiere nahmen den Keim der Weissagung auf. Ihre Seele aber stieg an den Himmel und leuchtete von dem Gesicht des Mannes im Mond weissagend fort.

Im Lauf der Jahrhunderte erscheint die Sibylle in vielerlei Gestalt. Der Katalog des Varro zählt zehn Sibyllen auf und nennt als ihre Geburtsorte die verschiedensten Städte und Landschaften des Mittelmeers. Der Herophile von Erythraea, von der ein dunkler Spruch über einer Felsengrotte kündet, wurden Reisen nach Delphi und Delos nachgesagt. Die Sibylle von Delphi soll auf die Inseln und nach Kleinasien gelangt sein; von der cumäischen wie von der tiburtinischen Sibylle heißt es, daß sie von weither über das Meer gekommen seien. Diese Wege überschneiden sich, und die Kunde unterscheidender Daten ist dunkel und verworren. Um so deutlicher treten die gemeinsamen Züge hervor. So verschmelzen am Ende alle diese mythischen Sibyllen und Herophilen wieder zu einer einzigen Gestalt. Diese aber trägt ein Gesicht von seltsamer Zwiespältigkeit.

Zugleich mit dem fremden Gott, der über das Meer kam, um die leuchtende Insel seiner Geburt mit dem großartig wilden Tal von Krisa zu vertauschen, erscheint dort eine wahrsagende Frau. Sie ist nicht mit ihm gekommen; längst schon vorher war in der finsteren Schlucht unter den Glanzfelsen aus einer Spalte verwirrender Rauch gedrungen, längst schon vorher hatten Frauen geweissagt. Die Tragödie berichtet von einer Geschlechterfolge von Frauen, welchen ein Thron über dieser Spalte zu eigen war, einer Geschlechterfolge, an deren Spitze die Urmutter Gaia selbst stand. Mit ihr ist die Sibylle verwandt, aber auch mit Apollon, als dessen Schwester, Mutter oder Braut sie bezeichnet wird. Sie hat ihm den Thron freiwillig überlassen, ja, sie hat ihn herbeigerufen, daß er ihn einnehme und herrsche. Wenn auch seine Sprüche oft dunkel sind, so ist doch, was sie erstreben und befehlen, nüchterne Helle, besonnenes Staatsleben und klare Gerechtigkeit. Diesem neuen Gesetz unterwirft sich die Sibylle. Sie verkündet nur, was er sagt, ist nur eine Mittlerin, der andere Mittler, die Priester, die Sprüche vom Munde lesen, um sie deutend dem Nutzen des Volkes dienstbar zu machen. In Apollons Namen fordert die Wahrsagerin Sühneopfer, versöhnt die männliche, immer von neuem grausame Tat mit dem hellen Gesetz des Gottes. Trotzdem klingt es durch die Berichte von ihrem Wirken wie Eifersucht, Kampf und Verhängnis. Noch ist ja der Ort der alte, noch wehen die Dämpfe und raunen die Stimmen von dem Mord an der Drachin Pytho, der wieder und wieder gesühnt werden muß. Noch sind auch die alten reinigenden und segnenden Kräfte lebendig, die Glut des Sonnenfeuers auf den balsamischen Gewächsen der Macchia, der begeisternde Hauch der Höhlentiefe, das belebende Wasser des Kastalischen Quells und die warme Erde, die den Schlafenden erleuchtende Träume und Heilung gewährt. Dieses Reich der Elemente lockt den Gott, in der Gestalt der Sibylle will er es an sich ziehen und sich unterwerfen. So berichtet die Sage, daß Apollon um die Liebe der Priesterin warb und ihre volle Hingabe begehrte.

Aus den Geschichten der Manto und der Daphne tönt noch etwas zu uns von dem Schrecken und dem Haß, den die Werbung des herrlichen und herrischen Gottes in den Nymphen erweckte. Auch die Sibylle gehört in die Reihe der Nymphen, und wenngleich es heißt, daß sie selbst den Gott herbeigerufen habe, so war sie doch nicht frei von jener Furcht und Feindschaft, welche die Wesen der Natur bei der Annäherung einer fremden geistigen Welt beseelt. Sie wagte sich bis an die Schwelle ihres alten nurweiblichen Bereiches, aber nicht weiter, nicht hinaus in jenen männlich-göttlichen Bezirk, der dem Tode nicht unterworfen ist. Obwohl ihr als Lohn die Unsterblichkeit winkte, widersetzte sie sich dem Verlangen des Gottes. Sie blieb, was sie war, eine Hüterin des Tores, eine Mittlerin zwischen beiden Reichen. Doch erntete sie nun, statt des Lohnes, den Fluch Apollons.

Dieser Fluch, den Cassandra in Aischylos' Agamemnon beklagt, liegt über ihren Weissagungen, denen niemand Glauben schenken will, über ihrem Leben, das eine einzige mühevolle Wanderschaft ist. Nur das Unheil darf sie in der Zukunft gewahren, und wenn Apollon sie weiterhin zu seinem Dienste zwingt, so erscheint sie oft wie gepeinigt von seinem Gebot, schmerzvoll angestachelt, widerwillig sich bäumend wie ein Roß unter einem herrischen Reiter. Schon tritt sie uns entgegen als die finstere geheimnisvolle Deuterin der Zukunft, die zauberkundige Hexe, welche die Leidenden aufsuchen, welcher die Glücklichen aus dem Wege gehen. Zugleich aber liegt es über ihr wie ein Schimmer aus dem Lichtreich des Gottes, sie bleibt die Hüterin seines Dienstes, eine Schwester der Iphigenie und der Diotima. So hat Michelangelo sie dargestellt in der Delfica der Sixtinischen Kapelle, als eine Frau von ewiger Jugend und ruhevoller Schönheit, als eine Schauende vom reinsten Blick.

Licht und dunkel zugleich ist auch die cumäische Sibylle. Dem Aeneas des Virgil verwandelt sich ihre Schönheit im Augenblick der Eingebung in Greisenhaftigkeit und medusenhaften Wahnsinn. Sie rast in der Grotte, und Sprüche des Grauens kommen über ihre Lippen. Zwar befiehlt sie als Priesterin Apollons dem Aeneas, seinen toten Freund zu bestatten, und weist ihm den versöhnenden goldenen Zweig, zwar jagt sie selbst die Erdgöttin Hekate von dem geweihten Ort zurück. Aber über der Szene des Totenopfers an den Ufern des unheimlichen Averner Sees liegt etwas von dem Schauder der Nachtwelt, und schaurig klingen die Worte der Sibylle, die das Echo der Höhle hundertfältig zurückwirft. Sie führt den Helden in die Unterwelt, und diese Unterwelt ist ihr vertraut wie eine Heimat. Und nicht nur Apollon, sondern auch die Erdmutter haben ihr den Ort gewiesen, an dem sie wirkt, die campanische Grotte, welche halb der unteren Welt und halb dem lichten Tage gehört.

Uralt, wie die Sybille der Ovidschen Metamorphosen, welche um so viel Lebensjahre gebeten hatte, als eine Handvoll Staub Sandkörner enthält, aber vergessen hatte, um die ewige Jugend zu bitten, steht uns die Sibylle vor Augen, welche dem römischen König Tarquinius ihre Sprüche verkaufen will und von den neun Büchern zähe rechtend eines ums andere verbrennt, bis nur noch eines übrigbleibt, für das sie den vollen Preis erhält. Dieses Orakelbuch wird in den Kellern des kapitolinischen Tempels aufbewahrt. Als der Tempel verbrennt, wird im Mutterland in den alten Orakelstätten geforscht, und die Ergebnisse dieser Forschungen heißen »die Bücher« schlechthin. Bei unheilverkündenden Zeichen, Zwittergeburt, Blitzstrahl und Blutquell, werden sie befragt. Die Sühne, die sie fordern, sind Jungfrauenprozessionen, Opfer und Spiele zum Lobe Apollons, und wieder scheint es, als habe sich die Priesterschaft ihrer nur zu staatlichen Zwecken bedient. In den ersten Jahrhunderten nach Christi Geburt aber, als der Kult des Gottes schon nicht mehr genügt, um die Ängste des Volkes zu beschwichtigen, ist es, als erhebe die Sibylle noch einmal ihre Stimme, um die Mütter der Tiefe wieder einzusetzen in ihr altes Recht. Andere Opfer fordert sie, und neben dem orgiastischen Kult des Dionysos treten die alten griechischen Erdgottheiten in den römischen Bereich. Inzwischen aber hatte das Christentum immer weitere Verbreitung gewonnen. Im Jahre 400, am Ende der heidnischen Götterwelt, wurden die Sibyllenbücher verbrannt.

Die Gestalt der Sibylle aber ist nicht im Kreis des Heidentums eingeschlossen und geht nicht mit ihm zugrunde. In den Jahrhunderten um die Zeitenwende tritt sie gleichsam hervor aus dem Schatten ihrer Höhle, und wie sich der Charakter ihrer Weissagung wandelt, scheint sie auch von dem Joche Apollons befreit. Sie schaut nicht mehr das Schicksal einzelner Menschen oder Staaten, sondern die großen Bewegungen der Völker im Lauf der Jahrtausende, und ihr prophetischer Blick verknüpft die vergangenen mit den künftigen Zeiten. So weist die tiburtinische Sibylle, die zur Zeit des Kaisers Augustus am Anio wie ein göttliches Wesen verehrt wurde, dem Kaiser einen Ring am Himmel, in welchem die Jungfrau mit dem Kinde erscheint. Sie legt dem Kaiser und den Senatoren ihre Träume aus und deutet dabei neun Sonnen als neun Zeitalter, die teils in der Vergangenheit, teils in der Zukunft liegen und deren Kern und Mitte Christi Leidenstod ist. Weit zurückgreifend zeichnet die christliche Legende auch jene Wahrsagerin, die am Hofe des Königs Salomo lebte und die Königin von Saba genannt wird, als eine Empfängerin solcher Überschau und eine Künderin kommenden Heils.

Fern von dem seligen Garten seiner Jugend, so berichtet die Legenda Aurea, lag der alte Adam im Sterben, und sein letzter Wunsch war eine Frucht aus dem Garten des Paradieses. Nach dieser schickte er seinen Sohn, und der brachte wirklich einen Zweig vom Paradiesesbaum zurück. Als er aber an das Lager des Vaters trat, fand er Adam tot. Er pflanzte das Reis auf das Grab des Vaters, und dort wuchs es, wurde ein Baum, ein hoher mächtiger Stamm, der die Jahrhunderte und Jahrtausende überdauerte. Endlich, zur Zeit des Königs Salomo, wurde er gefällt und sollte zum Tempelbau verwendet werden. Aber es wohnte ihm ein seltsam eigenwilliges Leben inne, so daß er sich nirgends in das Gerüst einfügen ließ. Unwillig warfen ihn die Zimmerleute schließlich über einen Bach, wo er den Wanderern als Steg dienen mochte. Diesen Wasserlauf erreichte die Sibylle, die von weither kam und ein Zeichen göttlicher Verfluchung, einen Tierfuß, an sich trug. Sie war im Begriff, ihren Fuß auf den Steg zu setzen, da schreckte sie zurück, von einem Gesicht getroffen, das ihr die schicksalsvolle Bedeutung des Stammes offenbarte. Er, der hier als Brücke über einem Bache lag, bedeutete eine Brücke über die Jahrtausende hinweg. Denn aus seinem Holze, so weissagte die Sibylle dem König, werde dereinst das Kreuz gezimmert werden, das den Versöhner und Erlöser tragen werde. Aus Ehrfurcht vor dem unschuldigen Werkzeug des zukünftigen Leidens war sie durch das Wasser gewatet, und da sie nun wiederum zur Verkünderin und Dienerin einer Lichtgestalt wurde, verschwand der Tierfuß, das Zeichen einer unterirdischen Welt.

Bis tief in das christliche Mittelalter hinein ist in Chronik und Dichtung die Weisheit der Sibylle lebendig geblieben. In der bildenden Kunst stehen neben der reinen Schönheit der Delfica des Michelangelo und den jugendlichen Gestalten der Fresken in Santa Maria della Pace die unheilvollen Greisinnen des Mosaiks im Dom von Siena und die finstere Prophetin des Signorelli in Orvieto. Wenngleich aber dort wie in den Hexengestalten der Märchen auch die mythische Sibylle bis auf unsere Zeiten fortlebt, so ist doch ihr eigentliches Urbild immer wieder schwer ins Auge zu fassen. Es ist, als trete es stets aufs neue zurück hinter den Schleier feuchten Nebels, welcher von der Kastalischen Quelle aufsteigend zwischen den Felswänden hinwogt. Hinter solchem Schleier wohnen die Nymphen, wohnt in seltsamer Ungreifbarkeit alle Natur, die mit dem Wirken des Geistes nicht eins geworden ist, um ein Neues zu gebären: die schöpferische Tat.

Chiron

Wo immer die Väter der Helden seßhaft geworden waren, wie lange Zeit auch verstrichen war seit den Tagen ihrer eigenen Kindheit: sie vergaßen des Weges nicht. Sobald der eigene Sohn der Wartung von Mutter und Amme zu entwachsen begann, sobald er sich bemühte, seine kleinen Schritte den großen des Vaters anzupassen, wurde zur Reise gerüstet. Eines frühen Morgens brach man auf, an der Schwelle des Hauses blieb die Mutter, an den Toren der Stadt das höfische Geleit zurück. Den großen Wäldern, dem fernen Gebirge ging es zu, neu und lokkend war alles für den Knaben, und jauchzend gab er sich dem Unbekannten hin. Bald aber begann der Pfad unwegsam und beschwerlich zu werden, Hunger und Durst quälten die Wanderer, und der Vater, freundlich gesprächig zuerst, ließ das müde Kind im Stich, indem er bald ernst und sinnend dahinschritt, bald freudig seltsam mit sich selbst redete, wie von Erinnerungen übermannt. Unheimlich wie das Wesen des Vaters war dem Knaben der Anblick der wilden Natur, die finsteren Tannen, die mächtig überhängenden dunkeln Felsen, von großen Raubvögeln umschwebt. Das Ziel des Vaters war eine Höhle, die sich ohne Ende in die Bergestiefe zu verlieren schien und die ein fremder, eisiger Hauch durchwehte. Hier ließ er den Knaben warten und entfernte sich, und als er zurückkehrte, war das Kind vom Schlafe schon halb entrückt und sah nur blinzelnd im Feuerschein das Gesicht des Vaters mit dem feinen, gekräuselten Bart und neben ihm ein anderes bärtiges und wildes Haupt, Menschenleib und Tierfüße, eine sonderbare, roßähnliche Gestalt.

Der Schrecken dieses Anblicks verfolgte den Knaben in den

Schlaf und ließ ihn im Traume von blutdürstigen Raubtieren und ungeheuren Schlangen so hart bedrängen, daß er mehrmals ängstlich nach der Mutter rief. Die aber war fern, und auch der Vater war am nächsten Morgen verschwunden, am niedergebrannten Feuer saß der Bärtige allein, und der war von nun an dem ausgesetzten Kinde Vater und Mutter, Bruder und Schwester zugleich. Von ihm empfing der Knabe zum Trank das klare, eisige Wasser des Bergquells, zur Speise die Herzen von Löwen und Ebern, deren Kraft und Lebensmut übergehen sollten in sein eigenes Fleisch und Blut. Mit dem donnernden Galopp der Pferdsfüße mußte er Schritt halten, wenn es durch die Wälder hinging, Hirschen und Hindinnen nach, und wenn es galt, die flüchtigen Tiere einzuholen, sie ohne Hunde zu fassen und dem Lehrmeister zuzutragen. Des Kentauren Gesellen waren wild und roh, eine tolle Schar, die mit dem höfischen Kinde ihre plumpen Scherze trieb. In den unendlichen Wäldern wohnten in Bäumen und Quellen allerlei seltsame Wesen, deren Flüstern und Raunen der Knabe wie die ersten Stimmen der Liebe vernahm. Neben dem Blutrausch der wilden Jagd und den zauberischen Verwandlungen der sommerlichen Natur aber erfuhr er auch die Einsamkeit der Bergnächte, die Schrekken des Winters und die Gewalt des Sturms.

Unerschöpflich war das geheime Wissen des Lehrers, unwiderruflich sein Richterspruch, unschätzbar sein Rat. Er belehrte den Schüler über die reinigende Wirkung des Quellwassers, die lindernde Kraft der Kräuter und die bannende Gewalt magischen Spruches. In den Winternächten mit dem Knaben am Feuer sitzend, erzählte er diesem von der fernen Welt, aus der ihm auf geheimnisvolle Weise immer wieder Kunde drang. Er berichtete von den Taten der Helden, die ausgezogen waren, um die Menschen von einem Schrecken zu befreien, und die mit Untieren und Fabelwesen gekämpft hatten und endlich wieder heimgekehrt waren, mit unsterblichem Ruhme bedeckt. Der Knabe lauschte in atemloser Begier, und wie Bergwasser und

Tierblut seinen Körper mit magischer Kraft gestählt hatten, so wuchs ihm nun aus solchen Erzählungen ein anderes zu, die Kraft der Seele, der Thymos, und es erfüllte ihn eine unbezwingliche Sehnsucht, sich zu bewähren im Kampf.

In der griechischen Sage erfahren wir von ganzen Generationen von Helden, die, auf solche Weise ausgesetzt, ihre Knabenweihe durchlebten. Aber wie diese Helden verschiedenen Epochen angehören, so wandelte sich auch das Bild ihres sagenhaften Lehrers und Erziehers im Laufe der Zeit. Wild war er und rauh zu Beginn, weiblüstern und toll wie die andern Kentauren, und diesem die Knaben anvertrauen hieß wohl, sie der wilden Natur anheimgeben zu Gedeih und Verderb. Denn die wilden Männer der Berge und Wälder bedeuten ja nichts anderes als die urgewaltigen und verheerenden Kräfte der Natur. Sie peitschen das Wasser, ihr Atem ist der Sturm, ihr dröhnender Hufschlag der Donner und das Beben der Erdtiefe. Dem Ansturm ihrer Macht müssen die Knaben standhalten, im Wettkampf mit ihnen müssen sie ihre Kräfte erproben. Wer sich an der Mutterbrust der Natur nicht sättigen kann, wer nicht lernt, Heilsames von Schädigendem zu unterscheiden, wer nicht mit wachen Sinnen und gelenken Gliedern seine Nahrung greift, der ist verloren und bald vergessen. Die siegreich Zurückkehrenden aber finden sich zu großen Taten bestimmt.

Aus dem Kreis der gigantischen Berggeister, in deren Reich solche Auslese der Standhaften sich vollzog, hebt sich die Persönlichkeit des Chiron jedoch bald deutlich hervor. Auch bei ihm deutet die halbe Roßgestalt noch auf tierisches Wesen, auch er ist noch mit tausend Banden jener dumpfen Natur verhaftet, deren Geheimnis und Schrecken die Jugend der Menschheit so allgewaltig beherrscht. Noch gehen die ihm Preisgegebenen durch die harte Schule der Entbehrungen, noch nähren sie ihren Mut durch eine magische Einverleibung tierischer Kraft. Dennoch tritt immer klarer die Menschlichkeit seines Wesens zutage. Zu seiner Erziehung gehören nun menschliche Tugenden, Selbstzucht, Ehrfurcht und Gerechtigkeit, und an die Stelle der Lebenserhaltung und des Rechts des Stärkeren tritt die Bewährung im Dienste des bedrängten Freundes, der ungerecht Leidenden, des heimgesuchten Volks. Immer mehr verwandelt sich der wilde Züchtiger in den gütigen und milden Berater, den weisen Erzieher und frommen Deuter des Geschicks. Dabei aber bleibt er der große Wissende, ihn befragen die neuen Götter um die Geheimnisse der Erdtiefe, zu ihm flüchtet die verfolgte Kreatur. Er ist es, der dem Sterblichen Peleus die Nereidentochter Thetis bezwingen hilft, und in seiner Höhle, einem wahren Mittelreiche zwischen Erddunkel und olympischer Helle, findet in der glanzvollen Anwesenheit einer ganzen Gesellschaft von Göttern die Vermählung zwischen Mensch und Naturwesen statt.

Unter den zahlreichen Helden, die von Chiron Erziehung und Rat empfangen, werden Achilleus und Patroklos, Aktaion und Dionysos, Peleus und Jason genannt. Dem Phoinix schenkt Chiron das Augenlicht wieder, der Seher Teiresias erhält von ihm die Sehergabe zurück. Unter allen seinen Schülern und Schützlingen ist jedoch nur ein einziger, der sein Nachfolger wird, der in Sinnen und Trachten so völlig dieselben Wege geht, daß er fast wie eine neue und letzte Verwandlung des alten Kentauren erscheint. Dieser Eine ist Asklepios, ein Sohn des Apollon.

Wie die Sage erzählt, war Asklepios in dem Schoße seiner Mutter Koronis von Apollon schon zum Leben erweckt, als diesem in dem Sterblichen Ischys ein Nebenbuhler erwuchs. Koronis liebte den arkadischen Jüngling, und Apollons allwissender Geist tat ihm ihre Untreue kund. In rasender Eifersucht ließ er durch die Pfeile der Schwester die Abtrünnige und ihre Sippe vernichten. Wie dann aber der Leib der Toten sich in den Flammen des Scheiterhaufens schon verzehrte, war der Gott selbst zur Stelle und entriß im Feuermeer dem Schoße der Koronis das ungeborene Kind. Der kühle Efeu, Apollons Gewächs, heilte und belebte den Versehrten, der nun wie alle andern, aber in zarterer Jugend ausgesetzt wurde an den wasserdurchströmten Hängen des Pelion, in Chirons Reich.

Hier wächst Asklepios heran, von weidenden Ziegen ernährt, und mancher Erzähler berichtet von dem wunderbaren Gedeihen des Kindes in der freien Natur. Wie ein bleibendes Mal seiner Flammengeburt umgibt ein Strahlenfeuer den Leib des Knaben, ein Glanz, vor dem die Hirten zurückschrecken. Frühzeitig von Chiron erzogen, lernt Asklepios alle Künste der Jagd, erfährt die heilende Wirkung von Thymian, Tausendguldenkraut und Fieberstaude, lernt Sonnenbrand und Schlangenbiß, Brüche und Wunden heilen. Als die Lehrzeit zu Ende ist, geht er in die Welt wie die andern, aber nicht nach Waffenruhm steht ihm der Sinn. Für die neuen Menschen ist die Krankheit, die Zerstörung der Lebenskraft, das Furchtbare geworden, in dem die Strafe der Götter ihren Ausdruck sucht. Ihr gilt die Wanderschaft, die Asklepios nun antritt und die ihn durch alle Landschaften Griechenlands führt.

Bald strömen ihm als einem echten Heiland überall die Geplagten zu. Er heilt sie durch die Geschicklichkeit seiner Hände, durch die Kenntnis der Kräuter, aber auch durch die von Chiron erlernten magischen Mittel, Reinigung, Besprechung und wundertätigen Schlaf. Durch solches Wirken bald übermenschlicher Ehrungen teilhaftig, bleibt Asklepios seinem Lehrer Chiron verbunden, und es heißt sogar, daß es dem Schüler gelungen sei, den Meister von einer lebensgefährlichen Verwundung zu heilen. Dennoch kommt der Tag, an dem sich der menschengestaltige Heiland und Göttersohn löst von dem erdverbundenen Mischwesen, an dem ein neuer und furchtbarer Ehrgeiz Asklepios beseelt. Denn nun genügt es ihm nicht mehr wie jenem, zu pflegen und zu heilen und den Ratlosen Rat zu verleihen. Er ist der Sohn des Apollon, strahlendes Licht und ewiges Leben sind das Ziel seiner Sehnsucht, und er trachtet danach, die sterblichen Menschen aus der verhaßten Unterwelt zu befreien. So versucht er, Tote zu erwecken. Es gelingt ihm auch dies, er zwingt die Lebenskraft zurück in den Leib, den Schatten zurück in die Gestalt, und dieser Erfolg mag den Wundermann hingerissen haben zu wildem Triumph ob seiner eigenen göttergleichen Macht. Doch er hat mit solchem Begehren ein Gesetz übertreten, das dem Kentauren immer heilig gewesen war: das Maß, das die Götter den Menschen gesetzt. Zwar läßt Zeus noch manche dieser Totenerweckungen zu. Aber die Hand, die den Blitzstrahl zückt, ist schon erhoben, und eines Tages schleudert der Gott sein tödliches Feuer, das den Frevler und den Wiedererweckten in einem einzigen Brande zerschlägt.

Mit dem tragischen Ende des Asklepios erlischt auch die Gestalt des weisen Wundermannes, des Freundes der Götter und Erziehers der Helden. Auch Asklepios hinterläßt eine Reihe von Begleitern und Schülern, die sein Werk fortführen, auch ihm werden Opfer dargebracht und in seinem Namen Kranke beschworen. Doch spielt sich nun alles draußen ab, fern von dem Zauber und den Gefahren der wilden Natur. Prunkvolle Heiligtümer, von Priesterkasten beherrscht, werden das Ziel der Heilungsuchenden, vielfältiges Zauberwesen macht sich breit, die Hilfe wird käuflich, die Heilung ein Mittel der Macht. Immer entfernter klingt das Rauschen der heiligen Wasser, immer leiser tönen die Stimmen der Wildnis, immer mehr verschwindet von der Weisheit des Kentauren, die ehrfürchtig beides umschloß, Licht und Dunkel, Leben und Tod. Der Heilkunst aber haftet nun für alle Zeiten etwas an von dem Frevel des Asklepios, und so feiner Waffen sie sich auch im Kampfe gegen Krankheit und Alter bedient, so wird doch immer wieder alle sorgliche Lebensbehütung durch gewaltsame Lebenszerstörung aufgewogen und zunichte gemacht.

Die Nacht der Argo

Als der Jüngling Jason aus der Einsamkeit seiner in einer wilden Gebirgshöhle verbrachten Jugend aufbrach und zur Küste hinabstieg, lief ihm ein Orakelspruch voraus. Dieser Spruch warnte Pelias, den Herrscher von Jolkos vor einem Manne, der, mit einem Schuh nur bekleidet, zwei Lanzen in den Händen und ein Pardelfell über der Schulter, im Schmucke seines langen offenen Haares von den Bergen kommen sollte, um die Königswürde zu fordern. Die Beschreibung paßte auf den wilden Knaben Jason, der das städtische Volk mit erstaunten Augen musternd auf seinem Esel durch die Straßen ritt. Als er endlich die Gastfreundschaft seines königlichen Oheims erbat, fühlte sich Pelias durch seine Anwesenheit bedroht. Er sann auf ein Mittel, die Abenteuerlust des Jünglings zu reizen und ihn auf lange Zeit vom Hofe fernzuhalten. In der Zurückgewinnung des Goldenen Vlieses fand sich ein Auftrag, der den Knaben in Gefahr brachte, dem Könige selbst aber viel Ehre eintragen konnte, wenn jener wider Erwarten heimkehrte. Der arglose Jason ging mit Freuden auf die Bedingung des Oheims ein.

Wie er zur Reise rüstete, zeigte er sich als gelehrigen Schüler des weisen Kentauren, als Fürstensohn, der sogleich zu gebieten weiß. Er gewann den Schnitzer Argos, den sagenhaften, vieläugigen, und dieser baute ihm das Schiff Argo, die Schnelle, Glänzende, deren Bau von solcher Eigenart und Schönheit war, daß sie bei den Griechen fortlebte als das erste aller Schiffe. Die Kunde von ihrer Entstehung vermittelt in der Tat etwas von dem Zauber ersten Aufbrechens, der ersten Gewinnung fremder Küsten: groß war sie und stark und dabei so leicht, daß die Männer der Besatzung sie auf ihren Armen über Land tragen konnten. Kunstvolle Schnitzereien zierten ihren Rumpf, und Segel aus feinster Leinwand trugen sie über das Meer. Weder Feuer noch Wasser konnten ihr etwas anhaben. Da sie in dem Holze ihres Leibes Stücke von der heiligen Eiche von Dodona barg, war sie mit Sprache begabt, einer wundersamen Stimme, die sich später zur Rettung der Helden des öfteren mahnend erhob.

Zur Bemannung dieses wunderbaren Schiffes, als dessen Werkmeisterin Athena galt, gewann Jason, der seine Boten weit ins Land schickte, die edelsten Jünglinge, Götter- und Fürstensöhne, die Blüte des griechischen Adels. Unter ihnen, die die Besten genannt wurden, waren Kastor und Pollux, und Idas und Lynkeus, der Wächter, der auf hoher See hinter den dunkelsten Wolken die Leitsterne der Fahrt zu erspähen versprach. Die Seher Idunas und Mopsos wurden geheißen, die günstigen Tage zu bestimmen, der Sänger Orpheus sollte durch sein Spiel die gefährlichen Stimmen des Meeres übertönen und Aithalides, der von allem, was er je erfuhr, niemals etwas vergaß, der Herold sein. Als man zum Aufbruch rüstete, waren die Helden fünfzig an der Zahl, und der Anblick ihrer strahlenden Kraft und Jugend mag den jungen Jason mit Stolz und Freude erfüllt haben. Das Schiff Argo war sein Werk, die gefahrvolle Reise die erste Tat seines jungen Lebens. In einem Rausch des Glückes nahm er Abschied von der Heimat.

Das Ziel der Argo, das märchenhafte Land Aia lag weit im Osten, am Rande des Okeanos, wo, wie es heißt, in einem goldenen Gemach die Strahlen des Helios aufbewahrt wurden. Dorthin war einst Phrixos auf dem Widder geflohen, dort hatte er das rettende Tier den Göttern geopfert. Das goldene Fell, dem wunderbare Kräfte innewohnten, galt es nun für die Heimat zurückzugewinnen. Zuvor aber war die Reise zu bestehen, und diese schon war reich an Abenteuern und Gefahren.

Den ersten Aufenthalt gab es auf der Insel Lemnos, wo die Helden, von männerlosen Frauen bewirtet und verwöhnt, fast die Weiterfahrt vergaßen. In Samothrake lernten sie die seltsamen Mysterien der Kabiren kennen, in Chios wurde der schöne Dämon Hylas beim Wasserholen von den Quellnymphen geraubt, und Polyphem suchte vergeblich nach dem Geliebten, indem er über die einsamen Wälder seine mächtige Stimme erschallen ließ. Am Ufer der Propontis trafen die Reisenden den blinden Seher Phineus, der für ein langes Leben der Weisheit das Licht seiner Augen hingegeben hatte, und empfingen von ihm manche Belehrung. Auf der Aresinsel bestanden sie eine Begegnung mit den stymphalischen Vögeln, und mit knapper Not nur entrannen sie der Vernichtung durch das bewegliche Felsentor, das in schrecklicher Umklammerung die Schiffe zerpreßte. Immer weiter nach Osten gelangten sie und erreichten endlich die Halbinsel Aia, über welche Aietes herrschte, der auch der Hüter des Vlieses war.

Nicht in Wehr und Waffen, sondern als friedliche Wanderer scheinen die Helden diesem genaht zu sein. Es ist die Rede von allerlei Aufgaben, die dem Jason gestellt wurden in ähnlicher Absicht, wie sie Pelias beseelt hatte. Mit einem Gespann wilder Stiere mußte gepflügt werden, ein schreckliches Geschlecht von Drachen, das aus gesäten Zähnen unheimlich aufwuchs, galt es zu vernichten. Diesen Schrecknissen stand Jason allein gegenüber. Doch fand er in der Tochter des Aietes, Medea, eine unverhoffte Verbündete.

In der Reihe der Königstöchter, welche den Fremdlingen freundlich gesinnt zur Seite stehen, nimmt Medea eine besondere Stellung ein. Ihre Mutter war Ideia, die Wissende, sie selbst war mit Zauberkraft und der Kenntnis vieler wundersamer Mittel begabt. Etwas seltsam Düsteres lag über ihrem Wesen, eine wilde Fremdartigkeit, die den unerfahrenen Jason anzog und berückte. Bedenkenlos ließ er sich helfen, erfuhr die Kraft ihres Zauberrädchens und wurde mit einer Salbe aus dem Blute des Prometheus vor dem Feueratem der Stiere geschützt. Medea zeigte ihm den versteckten Hain, wo in den Zweigen einer

Eiche das schimmernde Vlies hing, sie schläferte den Wächter ein, der es beschützen sollte. Der Raub gelang, und als Braut folgte Medea dem Jason auf die Argo, bereit, die Heimat und den überlisteten Vater zu verlassen. Doch erst als die Argo, noch nicht weit entfernt von der Küste, von einem Schiffe verfolgt und eingeholt wurde, zeigte die Fremde ihre volle, grausame Entschlossenheit, dem Geliebten alles zu opfern, was ihrer Jugend teuer gewesen war: sie lockte den Verfolger, ihren jungen Bruder, auf eine Insel und dort, im Hain der Artemis, mußte Jason ihn erschlagen.

Nun war die heilige Beute sicher, der Sieg gewiß, und die Jünglinge mögen ihn mit Gelagen und festlichen Spielen gefeiert haben. Doch stand von jetzt an ihre Fahrt unter einem bösen Stern. Die Argo erhob ihre Stimme, und in dem wilden Rauschen ihrer Segel, dem Ächzen ihres Leibes glaubten die Erschrockenen zu hören, daß Zeus Sühne fordere für den Mord im heiligen Hain. Hochauf bäumte die Argo ihren Leib über die tobenden Wellen, und ihrer Weisung folgend suchten die Helden ihren Weg zu der lichten Zauberin Circe, die als Tochter des Helios allein die Blutschuld von ihnen nehmen konnte.

Die Reise der Argo dorthin ist oftmals beschrieben und auf mannigfache Weise gedeutet worden. Sie vollzog sich in einer seltsam unirdischen Welt. Zweimal verließen die Argonauten das Meer und fuhren auf Flüssen landeinwärts, um mit den Wassern anderer Ströme ein neues Ufer zu gewinnen. So gelangten sie von der Aegaeis in das Ionische, vom Ionischen in das Tyrrhenische Meer. Die Gestade dieser Flüsse waren wild und öde. Bei der Einfahrt in den Eridanos litten die Erschöpften unter dem furchtbaren Gestank, als dessen Ursache die verbrannte Leiche des vom Himmel gestürzten Phaethon genannt wurde, und wie schauerliche Klagen verfolgte sie das Rauschen der hohen Pappeln, in welchen die Schwestern des Jünglings verkörpert waren. Als sie die Stelle erreicht hatten, wo der Fluß Rhodanos sich in drei mächtige Arme verzweigt, waren sie der

Richtung völlig ungewiß, und nur die Stimme der Hera bewahrte sie davor, sich in den Okeanos zu verlieren. Die Namen dieser Ströme deuten auf die Unterwelt, und einem Versinken in qualvolle Träume, einem halben Tod mag dieser Teil der Irrfahrt geglichen haben. Doch erreichten sie endlich wieder das Meer und landeten bald an dem heiteren Vorgebirge, auf welchem die Circe wohnte. Diese wies sie zunächst von sich, da ein unsagbarer Abscheu vor ihrer düsteren Halbschwester Medea sie erfüllte. Dann aber, von schrecklichen Traumgesichten bedroht, nahm sie die Reinigung vor.

Auf der weiteren Reise trachteten die Helden danach, durch Errichtung von Heiligtümern an den fremden Küsten solche Sühne und Weihe zu verstärken und sich völlig von der Schuld zu lösen. Da es dem Sänger Orpheus gelang, den Gesang der Sirenen zu übertönen, da die Argo ihren Weg zwischen Szylla und Charybdis hindurch fand und die in Rauch und Feuer gehüllten Felsen der Planktai glücklich umschiffte, schien ihnen die Hilfe der Götter gewiß. Auch eine Begegnung mit den Verfolgern aus dem Pontus in Korkyra verlief günstig, da sich Jason der Medea, die jene mit sich nehmen wollten, nun für immer verband. Dennoch erreichte die Argo die Heimat noch nicht so bald. Der Nordsturm schleuderte sie immer weiter nach Süden, und das Land, das endlich vor den Augen der Irrenden auftauchte, war die afrikanische Küste. Dort warteten sie lange vergebens auf günstigen Wind. Endlich rieten ihnen drei Hirtennymphen, ihrer Mutter Gleiches mit Gleichem zu vergelten, und wie sie den dunklen Spruch enträtselt hatten, nahmen sie die Argo auf ihre Schultern und durchquerten die Wüste. Sie folgten dem schwarzen Rosse des Poseidon, das wassersuchend voransprang, und gewannen einen anderen, glücklicheren Strand.

Wundersame Begegnungen wurden dem Jason und seinen Gefährten auch auf dieser Irrfahrt überall zuteil, und vielerorts waren Kämpfe zu bestehen. Unholde verwehrten ihnen den

Zugang zu den süßen Quellen, in Kreta bedrohte sie der eherne Riese Tolos, ein Werk des Hephaistos, der dreimal täglich die Insel umlief, um die Schiffe am Landen zu hindern. Medea, die überall als zauberische Helferin erscheint, bannte die Unholde und brachte den Riesen mit ihren Blicken zum Wahnsinn. Doch konnte sie nicht hindern, daß auch Opfer zu beklagen waren. Schon auf der Hinreise hatte man den liebeskranken Polyphem zurücklassen müssen, nun starb in Libyen der Seher Mopsos, von einer Schlange gebissen, und eine Planke der Argo wurde ihm zum Grabmal errichtet.

Wie lange die Reise dauerte, ob Monate oder Jahre vergingen, ehe die Helden heimkehrten, ist nicht überliefert. Da sie Jolkos in sinkender Nacht erreichten, zogen sie zuerst am Strande Erkundigungen ein. Zu ihrem Entsetzen erfuhren sie, daß Pelias in der Zwischenzeit den greisen Vater des Jason in den Tod getrieben hatte und dem Heimkehrenden feindlich gesinnt war. Da wollte Jason, von Abscheu erfüllt, schon aufs neue die Anker lichten. Die Freunde aber drängten auf Vergeltung, und leidenschaftlich beschwor Medea den Gatten, ihr die Rache zu übertragen. Sie verschwand und erschien wieder, als uraltes Mütterchen verkleidet, unkenntlich und unheimlich selbst dem Freunde verließ sie das Schiff und durchwanderte die nächtliche Stadt, mit schriller Stimme Zaubermittel anpreisend. Als sie in den Palast eingelassen wurde, gab sie sich den Töchtern des Pelias zu erkennen und täuschte ein Zerwürfnis mit Jason vor. Sie schürte in ihnen die Sorge um den alten Vater, der ohne leiblichen Erben war und gewärtigen mußte, daß sein Reich endlich doch dem verhaßten Jason zufiel. Allerlei Blendwerk trieb sie und überzeugte die Neugierigen, daß es in ihrer Macht stände, den Greis zu verjüngen und ihm neue Zeugungskraft zu verleihen.

Auf Vasenbildern und Wandgemälden ist der grausige Augenblick festgehalten, in dem der Alte, in einem Kessel gekocht, einer schrecklichen Rache anheimfiel. Im Morgengrauen winkte Medea von der Zinne des Palastes zum Schiffe hinunter, und nun drangen die Argonauten in die Stadt, um das Werk der Vergeltung zu vollenden. Doch war ihres Bleibens nicht. Sie zerstreuten sich in alle Winde, und auch Jason und Medea flohen den verwüsteten Ort.

Ein seltsames Schweigen der Vergessenheit liegt über dem Verbleib des Goldenen Vlieses, der heiligen Beute der Fahrt. Doch ward Jasons Ruhm überall verkündet, und als Vollbringer des kühnen Raubes fand er überall gastliche Aufnahme. Er blieb in Korinth, dessen Herrscher Kreon ihm wohlgesinnt war. Hier lebte er mit Medea, hier gebar sie ihm seine Kinder. Ein neues Leben begann, aber diesem Leben fehlte der frische Wind, der die Argo über das Meer getrieben hatte, der Glanz der Jugend im Kreise der Gefährten. Medea wurde immer seltsamer, und in der Schwermut, die sie oftmals überkam, wurde das Fremdartige ihres Wesens deutlicher. Während sie früher ihren eigenen Göttern in wunderlicher Verzückung geopfert hatte, behauptete sie nun, in Verbindung mit Hera selbst zu stehen und von ihr das Versprechen erhalten zu haben, daß ihre Kinder unsterblich würden. Auf dieses Versprechen bauend, trug sie die Neugeborenen in den Tempel der Hera und verließ sie dort, um sie nach einiger Zeit in grausamer Enttäuschung als Leichen wiederzufinden. Bei jeder neuen Geburt wiederholte sich der schauerliche Vorgang, und bald galt Medea den Bewohnern der Stadt als Hexe und Kindesmörderin. Auch Jason wandte sich von ihr ab in Abscheu und Haß.

Statt der hilfreichen Geliebten sah er in ihr nur die ewig Fremdgebliebene, die Zauberin, die tödliche Tränke mischte. Um ihretwillen fand er sich mit Schuld beladen, sie war die Anstifterin der grausigen Taten, die ihn für immer von seiner reinen Jugend trennten. Wenn sie aus seinem Leben verschwand, würden auch die Schatten weichen, die ihn bedrängten. Um sich aus seiner Vergangenheit zu lösen, warb er um die Tochter des Kreon, und diese zeigte sich seinen Wünschen geneigt.

In dem Drama des Euripides treibt Medeas leidenschaftliche Auflehnung sie zur Vernichtung der eigenen Kinder. Die alte Sage jedoch erzählt, daß sie sich seltsam gefügig zeigte und nur bat, der neuen Braut ein selbstgefertigtes Gewand zum Geschenk überbringen zu dürfen. Dieses Gewand aber war die Arbeit ihrer letzten Jahre, und in sein feines Gewebe war alles hineingewirkt, was sie in dieser Zeit erlitten hatte: Schmerz und Enttäuschung, Eifersucht und Bitterkeit. Es war schwer von der goldenen Stickerei, die es zierte, schwerer von Haß und vergeblicher Hoffnung, und als die Braut es anlegte, versank sie in eine Trauer, die ihre Freude erstickte und der ihr junges Leben erlag.

Medea floh vor dem Zorn Jasons, und es heißt, daß sich der Wagen des Helios für sie vom Himmel neigte und sie entführte, neuen Schicksalen entgegen. Jason aber blieb in Korinth zurück, um nach dem Tode Kreons dort zu herrschen. Er war nun allein und frei, aber schneller und eintöniger als seine Jugend zogen die Jahre seines Mannesalters an ihm vorüber, und er ermüdete vor der Zeit.

Von dem alternden Jason erzählt die Sage, daß er oft des Nachts, von mancherlei bösen Träumen gepeinigt, von seinem Lager aufstand, den schlafenden Palast verließ und zum Hafen hinabstieg. Der lag voll von Schiffen, die mit reicher Last von weither gekommen waren, und anderen, die mit dem ersten Frührot ausziehen sollten in die Ferne. Aber an all diesen Fahrzeugen ging der König vorüber. Er wanderte an der Bucht entlang, dorthin, wo der Strand leer und öde war, wo die Brandung stärker rauschte und der Wind schauriger heulte. An diesem einsamen Ufer lag die Argo, und sie war es, die Jason suchte. Aber jetzt glich sie nicht mehr dem strahlenden Schiffe, von dessen wundersamen Eigenschaften in der ganzen griechischen Welt gesungen wurde. Sie war alt und baufällig, ein Wrack, das nicht Winde und Wellen vernichtet hatten, sondern die Zeit. Wie sie kieloben am Strande lag, war sie anzusehen wie eine

Muschel oder eine dunkle Höhle, und in jeder Nacht, in der der König unter ihre schwarze Wölbung kroch wie in den Mutterschoß, schickte er sich an, den Weg seines Lebens noch einmal zu beginnen.

Er sah die schroffen Felsen des Gebirges vor sich und die blaue Bucht von Jolkos, wo die Argo lag in all ihrer strahlenden Schönheit, wo die Gefährten lärmten, zum Aufbruch bereit, und spürte die erste Liebe des Mannes zu Pferd und Waffe und Schiff, den schweigsamen Gefährten des Ruhms. Wenn der Mond auf den Bergen von Krisa glänzte, dachte er an die Nächte der Reise mit ihrem Schweigen und ihrem Gesang, an die Inseln, an welchen die Argo vorübergerauscht war, und die einsamen Küsten fremder Länder. Nicht immer gelang es ihm, nur die heiteren Bilder der Fahrt festzuhalten, auch die Schrecknisse tauchten in seiner Erinnerung auf, und aus den Schatten der Vergangenheit trat auch Medeas Gestalt. Doch erschien sie ihm nun nicht mehr so düster wie ehemals. Er erinnerte sich ihrer ersten scheuen Hilfe, ihres leidenschaftlichen Dranges, seine Liebe zu gewinnen, ihrer traurigen Sehnsucht nach der lichten Unsterblichkeit, die auch ihren Kindern versagt bleiben sollte. Er hörte die Wellen am Strande rauschen, und wie Medeas Züge allmählich verblaßten, trat sie zurück in das All, wurde ein Teil der Natur, der er sich verbunden hatte und die immer weiter lebte und wirkte, hell und dunkel, helfend und vernichtend zugleich. So fand Jason den Schlaf, der ihn im Palaste floh. Eines Morgens aber, als eine furchtbare Sturmnacht zu Ende ging, fanden die Fischer die alte Argo zertrümmert am Strand, und unter den schwarzen Planken den König Jason, von den Trümmern ihres stolzen Leibes erschlagen im Schlaf.

Demeter

Der Tag, an dem aus düsterer Felsenschlucht die riesigen schwarzen Rosse des Aides hervorstürmen und der unterirdische Gott die auf blumenreicher Wiese spielende Tochter der Demeter an sich reißt, ist für die Mutter nicht minder bedeutsam als für die entführte Tochter selbst. Das unerwartete und schreckliche Ereignis stürzt die freudig-stolze Göttin mit einem Schlage aus der Ruhe eines von Tod und Trennung unberührten ewigen Sein. Es führt sie für eine Zeitlang in die Reihe jener unvergeßlichen Gestalten, welche eine unglückliche Liebesverhaftung ruhelos verzweifelt über die Erde jagt. Von dem Stachel solcher Leidenschaft getrieben, gelangt sie zu den Menschen, welche in der Nähe des Todes wohnen, und wird endlich umfangen von der tiefen Finsternis bitterer Einsamkeit, einer Entfernung von Göttern und Menschen zugleich. So erscheint ihre Leidenszeit fast wie eine Spiegelung des der Tochter widerfahrenen Schicksals, wie eine tiefe mystische Partizipation.

Denn im Sinne jeder Teilhaftigkeit, in welcher Mütter die körperlichen Schmerzen ihrer Kinder am eigenen Leibe verspüren, sind Demeter und Persephone eins. Solches Einssein bedeutet nicht Beieinandersein, der Raub wird in Demeters Abwesenheit ausgeführt, und die Mutter weiß über den Verbleib der Tochter nichts. Sie muß forschen und fragen, muß aus ungewissen Auskünften und trügerischen Anzeichen flüchtige Hoffnung saugen. Prangend noch in aller Fülle ihres göttlichen Seins, durchstreift sie den Äther, neun Tage lang rauschen ihre weizenfarbenen Gewänder über die Erde hin, erleuchten ihre Fackeln die Nacht. Von der dunkelsten Göttin kommt ihr endlich ein Fingerzeig, von dem lichtesten der Götter die ganze traurige Kunde. Hekate, die Herrin der Kreuzwege, der dunkeln Erdgänge, hat einen Schrei gehört, und dieser Schrei war der Unterweltlichen vertraut als das letzte Aufbegehren der zum Hades hinabgeführten, dem Tode bestimmten Seelen. Doch hat sie nichts gesehen, und das Grausige gesehen haben kann nur einer, der im glänzenden Wagen hinfährt über den Himmel und hinabspäht in Klüfte und Schlünde, in alle Öffnungen der unteren Welt. Dieser Eine ist Phoebos Apollon, und durch ihn, den Allwissenden, wird Demeter endlich die traurige Gewißheit zuteil.

In Hades' Reich weilt Persephone, Zeus selbst hat sie ihm zur Gattin bestimmt, und erst als Demeter dieses erfährt, wird sie sich der ganzen furchtbaren Unwiderruflichkeit des Geschehenen bewußt. Nun sieht sie alles vor sich, die blühenden Wiesen am Ufer des Okeanos, die tiefen Gewässer und dunkeln Höhlen und unter dem tiefblauen Himmel den Reigen der Götterkinder, in deren Mitte sich Persephone über die Todesblume beugt. Sie sieht die Tochter hinwandeln durch die düsteren Gänge des verhaßten Schattenreiches, und ein furchtbarer Haß erfüllt sie gegen den Göttervater, der eine Unsterbliche solchem Schicksal bestimmt. Doch gibt sie die Hoffnung noch nicht auf, die Tochter zu finden, sie wiederzugewinnen und das Nächtliche von ihr abzustreifen wie ein geborgtes Gewand. Nur einer Verbindung bedarf es, eines heimlichen Zwiegesprächs, das Persephone die Flucht ermöglichen kann. Vom lichten Götterhimmel aus ist eine solche Verbindung nicht zu erreichen und dorthin kehrt die zornerfüllte Demeter nicht zurück. Nur die Sterblichen stehen in Beziehung zum Tode, und bei ihnen muß Demeter nun verweilen, aber nicht hinschwebend über die Erde, nicht aus dem Füllhorn ihren Segen spendend wie bisher. Ihre Füße müssen den harten Boden greifen, ihre Brust die rauhen Winde spüren, sie muß Hunger und Durst leiden und die Unbill des Wetters wie jene ertragen. Und nicht als Göttin, ja nicht einmal als Herrin darf sie ihnen nahen. Denn die Herrschenden sind ausgeschlossen aus dem Kreise der geheimen Nachrichten, die im Volke umgehen, und eine solche Nachricht ist es ja gerade, welche Demeter zu erfahren begehrt. Darum geschieht es, daß sie sich zu dienen anschickt und die göttliche Gestalt mit dem Gewande der Armut verhüllt.

Wie die Sage berichtet, taucht sie an der Bucht von Eleusis als eine Bettlerin auf, eine Flüchtige von den Zügen der Trauer und des Wahnsinns entstellt. Am Brunnen werden die Neuigkeiten ausgetauscht, und an einem solchen setzt sich die Irrende auf einen Stein. Dieser Brunnen wurde in späteren Zeiten der Schönreigenbrunnen genannt, während der Sitz der Göttin den Namen Stein der Trauer erhielt.

Den Mädchen, die zum Wasserschöpfen kommen, gegenüber spart Demeter nicht mit eigenen Erzählungen, mit einer langen Lügengeschichte, der zufolge sie von Seeräubern geraubt und aus ihrer Heimat Kreta entführt worden sei. Vielleicht will sie mit dem Bericht einer solchen Entführung schon Worte hervorlocken, die sich auf eine andere, ihr am Herzen liegende Entführung beziehen, vielleicht auch nur begründen, daß sie einen Dienst sucht und so über alle Maßen traurig ist. Zur Antwort wird ihr von den Töchtern der Königin Metaneira nichts Außergewöhnliches zuteil, nur eine Aufzählung der Familienmitglieder und ein freundliches Anerbieten, sich dem Hause und der Mutter zu nahen. Demeter geht zögernd mit, zwar entlocken die Späße der alten Baubo ihr ein Lächeln, aber drinnen im Palast verweigert sie Trank und Speise, hockt abseits und ist so unendlich seltsam, daß die Gastfreunde erschrecken und ihre Absicht, die Fremde als Wärterin aufzunehmen, bereuen. Dann aber wird dieser das Kind gereicht, das spätgeborene, dessen Pflege sie übernehmen soll, und in dem Augenblick, in dem sie es in den Armen hält, beginnt etwas, das wie eine Ablenkung, ein wundersames Zwischenspiel von Demeters Leidenszeit erscheint.

In diesem Augenblick nämlich brechen in der verzweifelten

und ruhelosen Göttin alle Quellen der Mütterlichkeit auf, die ihr Wesen so sehr bestimmen. Mit aller Kraft ihres Gefühls bemächtigt sie sich dieses Erdenkindes, dieses fremden Sprößlings, der ihr nur zuwächst wie eine Blume am Weg. Sogleich liebt sie ihn so sehr, daß es fast scheint, als vergäße sie über ihrem neuen Dienste vollkommen den Zweck ihres Menschwerdens, das Fragen und Zuerfahrensuchen, die Wiedergewinnung der verlorenen Tochter. Sie bleibt und beginnt das fremde Kind auf ihre unirdische Weise zu versorgen. Weder zu essen noch zu trinken erhält es, sondern wird mit Ambrosia eingerieben und von dem Hauche der Göttin genährt. Vom ersten Tage an bezeugt es ein wunderbares Gedeihen, ein Glanz geht von ihm aus, wie er nur Götterkindern eigen ist, und staunend gewahren die Eltern, daß der Segen der Fremden alle Wesen und Dinge des Hauses umfaßt. Ein leises Mißtrauen zwar beseelt sie, vor allem die Mutter, der das Kind immer mehr entrückt wird, fast als habe nicht sie es geboren, sondern die Fremde, die ihm Tag und Nacht ihre Dienste weiht. Auch Demeter scheint solchem Irrtum oft zu verfallen, eifersüchtig hütet sie den Knaben, und immer mehr erfüllt sie der Wunsch, ihn aufzuziehen zu einem Wesen, das ihr gleich sei an göttlicher Kraft, ihn der Sterblichkeit zu entreißen, dem drohenden Todesreiche, dem die eigene Tochter verfiel. Allnächtlich im Feuer der Herdflamme geläutert, soll er die Leiblichkeit ablegen und so nach und nach einer der Himmlischen werden, ein herrlicher Sohn, für alle Zeiten Demeter zur Seite gestellt. Während aber solches Tun in der Stille der Nächte seinen Fortgang nimmt, wächst im geheimen die Angst der Mutter und raubt ihr den Schlaf, und eines Nachts verläßt sie das Lager, um auszuspähen, was die Fremde mit dem Kinde treibt. Wie dem lauschenden Peleus, dessen Sohn die Mutter Thetis der Unsterblichkeit bestimmt, entringt sich ihr ein Schrei des Entsetzens beim Anblick des von den Flammen feurig umspielten Kinderleibes, und dieser Schrei genügt, um den Bann zu brechen und die Göttin herauszureißen aus ihrem magisch-segensvollen Tun. In jäher, schrecklicher Gleichgültigkeit legt sie das Kind auf den Boden, um dann in furchtbarem Zorn aufzuwachsen aus ihren ärmlichen Hüllen, ihrer dürftigen Greisenverwandlung, so hoch, so gewaltig, daß ihre Gestalt selbst die hohen Hallen des Königspalastes zu sprengen scheint. Von ihren verächtlichen Lippen strömen Drohungen und Gebote, gebieterisch ist ihre Hand ausgestreckt und bannt die Zitternden, und noch lange Zeit, nachdem sie fortgeschritten ist, erfüllt ein seltsamer Lichtglanz das Haus, tönen die Worte nach, mit denen sie den Undankbaren den Bau eines Tempels befahl.

Mit dem Ende dieser seltsam stellvertretenden Mutterschaft tritt Demeter in die dritte Phase ihrer Leidenszeit ein. Erst jetzt, nach dem Fehlschlagen ihrer neuen Hoffnung, scheint sie völlig angelangt auf dem Grunde des Schmerzes, in den Tiefen einer Einsamkeit, wie von den Olympischen nicht einer sie empfand. Sie kehrt nicht zurück in den Himmel, nicht weniger als den gedankenlosen Menschen zürnt sie den Göttern, Zeus zumal, dem sie die Schuld zuschreibt an allem, was ihr widerfuhr. Sie bleibt in dem ihr von den Menschen in Eleusis erbauten Tempel, hockt dort einsam, in schwarze Gewänder gehüllt, finster, als sei sie selbst den unteren Reichen verfallen.

Vergessen ist der Knabe Demophon, vergessen das Menschenreich. Demeters Schmerz gilt wieder der Tochter, und eingedenk ihres Verlustes empfindet die Göttin alle Bitternis, alle Unvollkommenheit der Welt. Ihre furchtbaren Klagen und Anklagen erfüllen die Erde und tönen hinauf zu den Göttern, wo man die lichte Gestalt der Segenspenderin vermißt. Denn es ist niemand da, der das ihr zugeteilte Amt erfüllt, schon liegen die Länder der Erde, von dem Glanz ihres Wesens verlassen, dunkel und öd, schon bemächtigt sich der Menschen die Verzweiflung des Hungers und der Not. Endlich, da alle Opfer und Bitten nicht hinreichen, um die Zürnende heimzuführen, entschließt sich Zeus zu helfen. Hermes macht sich auf den Weg zu Aides, um diesem die Botschaft des Höchsten zu überbringen, und nun geschieht das Wunder: Persephone kehrt aus dem Schattenreiche zurück.

In jubelnder Freude vollzieht sich das Wiedersehen. Mit atemloser Hast wird die Geschichte der Entführung erzählt, von jenem Augenblick an, in dem sich das Mädchen in einer seltsam todessüchtigen Neugierde über die Blüte des Narkissos neigte und über den wundersamen süßen Duft der drohenden Gefahr zu achten vergaß. Der Einzug ins Totenreich wird beschrieben, schon scheint alles, Schrecken und Grauen, fern zu liegen wie eine überstandene tödliche Gefahr. Dennoch mischt sich in die Freude des Beisammenseins ein sonderbares Gefühl der Furcht. Die Ursache solcher Bedrückung wird bald enthüllt, es ist die Frucht, die Persephone im Schattenreich genossen hat, der Granatapfel, den Aides ihr beim Abschiede bot, und der vieles bedeutet, Fruchtbarkeit und Vergehen, Liebe und Tod. Demeter fühlt, daß sich die Tochter bei aller Wiedersehensfreude schon zurücksehnt nach der Frucht der Liebe, die sie gekostet, nach dem dunkeln Gotte, der sie ihr bot. Schon sieht sie in den Augen des Mädchens einen fremden Glanz, etwas von der Finsternis des unteren Reiches, eine Vorahnung jenes Bildes der strengen Totenrichterin, unter dem Persephone einst den Göttern und Menschen zu erscheinen bestimmt ist. Und während nun der Vertrag geschlossen wird, dem zufolge die Tochter einen Teil des Jahres in der Unterwelt und den andern bei der Mutter zubringen soll, spürt Demeter zwar den Trost dieser Entscheidung, aber sie weiß auch, daß das Totenreich nicht vergessen werden kann und daß auch sie selbst nicht vergißt.

Zeus' Richterspruch führt Demeter in den Götterhimmel zurück. Ihre schwarzen Gewänder zerreißen wie dunkle Wolken, und mit dem strahlenden Glanz ihres Lächelns kehrt auf der Erde Segen und Fülle aufs neue ein. Aber die Zeiten der bitteren Einsamkeit, die Erfahrung des Todes und die Trauer um das beinahe der Unsterblichkeit gewonnene und wieder verlorene Menschenkind lassen das Wesen der Fruchtbringerin und großen Mutter nicht unverwandelt. Zwar wird sie, während nun die Tochter immer finsterere Züge annimmt, wieder völlig zu der lichten Gottheit der Freude und Fülle, der strahlenden Buhlerin, die im rauschenden Korn sich den Göttern der fruchtbaren Tiefe vereinigt und ihnen segenspendende Söhne gebiert. Aber es scheint doch ihr Wirken von der Zeit an, in der sie, nicht anders als eine Menschenmutter, die Bedrohung des Todes erfuhr, vor allem den Menschen zugewandt und in einem neuen Sinn. Nicht mehr der blinden Fülle allein gilt ihr Werk. Segnend und ordnend geht sie über die Erde hin und schafft die ewigen Gesetze sinnvoller Arbeit, Ordnung und Maß. Demophon, dem ewige Ehre blieb, weil er einst auf ihren Knien gesessen, tritt wieder in den Strahlenkreis ihrer Gunst, ein Sterblicher nur, wird er ausgestattet mit den Kräften der Unsterblichen, und die Sage erzählt, daß Demeter ihn in ihrem Schlangenwagen aussandte und durch ihn den Menschen die Gabe des Brotes verlieh.

Hephaistos

Älter als die Vorstellung des an unterirdischer Esse gewaltig hämmernden Schmiedes ist die Verehrung des Feuers selbst. Die verborgene Kraft, deren unheimliches und unberechenbares Walten die Erde erbeben ließ, die Rauchsäulen und glühende Lava aus der Tiefe schleuderte und sich auch in nicht vulkanischer Gegend hier und dort als reine Flamme aus Spalten und Felsenklüften züngelnd erhob, war wohl dazu angetan, als eine überirdische Macht zu gelten. Der Gott offenbarte sich im Element, im Knistern der Flamme hörte man sein Gelächter, im Grollen der Erdtiefe seinen bebenden Zorn. In dem Maße aber, nach dem die gestaltende Macht des Menschengeistes die Naturkräfte dem Willen der Götter unterzuordnen begann, trat auch die Gestalt des Hephaistos aus ihrem Schleier von Rauch und Flammen hervor. Das Feuer war nun nicht mehr sein Wesen und Kleid, zum Herdfeuer seiner Esse wurde es und seinem Willen untertan. Der wilde Mann, von dem man nicht mehr als die drohende Stimme kannte, bekam ein Gesicht, er bekam im Laufe der Zeit auch eine Geschichte, und wenn auch die Bruchstücke dieser Geschichte sich nicht leicht zusammenfügen lassen, so steht doch das Bild des Hephaistos am Ende deutlich vor unsern Augen: das eines finsteren und zugleich komischen Gesellen, eines Mißgestalteten mit Titanenkräften, eines Unterirdischen, der nach der lichten Schönheit der olympischen Welt dürstete und dem es gegeben war, einen Abglanz dieser Schönheit in das Werk seiner Hände zu bannen.

Wie das unheimliche Herdfeuer stets im Gegensatz steht zu dem reinen Sonnenlicht, so haftet auch dem unterirdischen Schmied etwas Wildes und Barbarisches immer an. Seine Herkunft schon ist dunkel. Zwar hat die Göttermutter, die alles Leben der Erde hervorbringt, auch ihn geboren. Aber sei es, daß sein Vater ein anderer war als Zeus und daß seine Geburt den Zorn des Höchsten erregte, sei es, daß er vom Mutterleib an schwächlich war und ein Makel unter den Makellosen; das erste, was ihm widerfährt, ist der Sturz aus dem Himmel, der endlose furchtbare Fall, das Erwachen in einer anderen Welt. In der Meereshöhle von Thetis und Eurynome wie in einem andern freundlicheren Mutterschoß geborgen und neu zur Welt gebracht, wächst der Knabe heran, er lernt seine Hände gebrauchen, seinen Armen wachsen Riesenkräfte, aber der Sturz hat ihn verkrüppelt, sein Gang ist schwankend, ein unsicheres Hüpfen, das künstlicher Stützen bedarf. Neun Jahre lang verweilt er in der tiefen Felsenhöhle, die der Okeanos mächtig umbraust. Er ist dazu ausersehen, ein Handwerker der Götter zu werden, bei Kedalion lernt er das Schmiedehandwerk und verfertigt köstliche Dinge, Waffen, Bildwerke und Schmuck. So lange er dort unten haust, ein Geschädigter und Entrechteter, ist ihm so wenig zu trauen wie den Alben und Zwergen der nordischen Sagen, das chthonische Mal des glühenden Einauges wird ihm zugeschrieben, der böse Blick, der Verderben bringt. Den Olympischen gegenüber erfüllt ihn Groll, zumeist die Mutter haßt er und sinnt auf Rache. Als diese Rache endlich zur Ausführung gelangt, ist sie halb tragisch und halb komisch, wie alles im Wesen des Gottes, sobald er in Beziehung zu den Himmlischen tritt. Einen goldenen Thronsessel nämlich hat Hephaistos der Mutter gefertigt und in den Olymp geschickt, würdig thront die Würdige in diesem prunkvollen Ehrensitz am Göttertisch. Aber als das Mahl längst vorüber ist, thront sie noch immer, magisch gefesselt nun und gefangen in den Schlingen jener Künste, zu deren Übung sie den unschönen Sohn bestimmt. Immer mehr Zeit verstreicht, der Olymp gerät in Aufruhr, nun soll Hephaistos heraufkommen und die Entzauberung vornehmen. Ares selbst macht sich auf den Weg, um ihn zu holen, aber er wird mit Feuerbränden aus der Höhle gejagt und dröhnend und schauerlich klingt das Hohnlachen des Verbannten aus der Tiefe herauf. Solchen verbissenen Haß, so tiefverwurzelte Rachsucht kann nur einer lösen, einer, dem es gegeben ist, Menschen und Göttern das Vergessen zu schenken, die süße Hingabe, den Rausch und den Traum. Dionysos lädt sich bei Hephaistos zu Gast und in seinem Gefolge kommen Satyrn und Silene, eine fröhliche Schar, die mit Reigen und Becherklang die düstere Höhle in einen hellen Freudensaal verwandelt. Hephaistos, trunken des Weines, verbindet sich dem Dionysos für jetzt und alle Zeit, er vergißt die Kränkungen, vergißt seine Krüppelhaftigkeit und fragt, als man endlich aufbricht in trunken seligem Zug, nicht, wohin die Wanderung gehen soll. Auf vielen Vasenbildern ist dieser Aufbruch heiter dargestellt, Dionysos und Hephaistos auf einem Esel reitend, weinlaubbekränzt. Denn Dionysos hat die Mittlerrolle zwischen der trotzigen Erdkraft und den Himmlischen übernommen, und der Wein, erdgeboren und sonnengeläutert, trägt den Verstoßenen über die Schwelle der Heimat zurück.

Hephaistos befreit die Mutter, er bleibt auch fernerhin gutmütig und gelassen, obschon ihm auch jetzt ein Dieneramt zufällt und die Götter mit der unbefangenen Roheit von Kindern seine Mißgestalt belachen. Allen Göttern baut er strahlende Wohnungen und errichtet sich selbst den Palast, den Homer den sternenhellen, unvergänglichen nennt. Neue Kunstwerke entstehen im Dienst der Himmlischen, und allen ist ein Zauber eigen, der sie über das Menschenwerk erhebt. Die Dreifüße, die den Göttern beim Mahle dienen, bewegen sich von selbst zur richtigen Stunde auf Rädern in den Saal, die goldgefertigten Mägde, die den Lahmen stützen und bedienen, haben Rede und Verstand. Mit magischer Kraft geladen sind die Waffen des Achilleus, welche die Mutter Thetis für den Sohn begehrt. Aber wenn auch die Darstellungen auf dem Schilde des Achilleus – alle menschliche Tätigkeit, Stadt und Land, Frieden und Krieg und göttliches Gericht umfassend – von einer nahezu göttlichen Schöpferkraft zeugen, so kommt doch auch das wunderlich Elbische und Unterirdische im Wesen des Hephaistos immer wieder zum Ausdruck. Seine Werke sind Segen und Unsegen, und neben vielen wunderbaren und nützlichen Dingen geht aus seinen Händen auch die verhängnisvolle künstliche Gestalt der Pandora und das fluchbringende Halsgeschmeide, das Hochzeitsgeschenk der Harmonia, hervor.

Am Tische der Götter ist Hephaistos der humpelnde Mundschenk geworden. Diensteifrig schleppt er den Durstigen den Trank herbei, allen gefällig, von keinem ganz ernstgenommen, am wenigsten von Athena, die er am meisten verehrt. Zu ihr, der Hellen, Klaren zieht es den Ungeschlachten, den doch im Bereich seiner Kunst derselbe Funke der Schöpferkraft beseelt. Wie die Sage erzählt, stellte Hephaistos der Jungfräulichen nach, besessen von dem Willen nach Zeugung, vernarrt in die bei aller Verschiedenheit geschwisterlich Ähnliche, mit der ihn später Sage und Kultus der Burg von Athen für alle Zeiten vereint. Die Spröde flieht, selbstherrlich in geistiger Kraft ist sie nicht dazu geschaffen, Samen zu empfangen. Nur die Erde in ihrer blühenden Fülle, nur der Stoff kann den Samen künstlerischer Zeugung empfangen, und so wird denn auch die Erde die Mutter des Hephaistos-Sohnes Erichtonios, den Athena erzieht. Auch von einer von den Göttern gestifteten Ehe zwischen Hephaistos und Aphrodite erzählt die Sage, und noch deutlicher als im Erichtonios-Mythos kommt hier zum Ausdruck, wie sehr die Kunst der Sichtbarmachung im Stoff, wie sehr dieser der Verklärung durch die Kunst bedarf. Aber in dieser Verbindung, die so großmütig dem Mißgestalteten die höchste Anmut und Schönheit paart, ist Hephaistos bald der Betrogene. Wie dem Künstler immer wieder entgleitet, was er schon zu fassen und zu halten meint, so hat nun der Mann das Nachsehen. Die liebesfreudige Aphrodite entschlüpft ihm, ihrem Wesen gemäß ist das freie Schweifen, die ungebundene

Neigung, und diese treibt sie in die Arme des waffenklirrenden Ares, des Gedanken- und Bedenkenlosen, der nicht schafft, sondern zerstört, und der doch vor dem hinkenden Schmied so vieles voraushat, Jugend und Gradheit der Glieder, Siegesgewißheit und den Nimbus eines greifbaren Heldentums.

Hephaistos erfährt durch Apollon von Aphrodites Untreue, er schmiedet Fesseln zart wie Spinngeweb und bringt sie am Lager an, dann begibt er sich zum Schein nach Lemnos, und schon gehen ihm die Liebenden in die Falle. Auf dem Lager in zärtlicher Umarmung ruhend, werden sie von den magischen Banden des Hephaistos umschlungen und gefesselt, furchtbar erhebt der Zurückgekehrte seine Stimme und ruft alle Götter zu Zeugen herbei, rast und fordert die Brautgeschenke zurück. Diese Fesselung mag nichts anderes bedeuten als die Ausübung magischer Macht, kraft derer die Liebenden nicht imstande waren, sich zu trennen zu schicklicher Zeit und im hellen Sonnenlicht noch lagen als die zu Unrecht Gepaarten, zappelnd wie Fische im Netz, umringt von der herbeigeeilten Götterschar und den lachlustigen Olympiern eine äußerst erheiternde Schau. Mit Fesselung rächt sich der für alle Zeit durch seine Mißgestalt Gefesselte: in ihrem Hochmut, ihrer anmaßenden Würde allzu lange thronend war schon Hera zum Gelächter geworden, nun galt der Spott den Verliebten, die, allzu lange festgehalten, nichts sehnlicher als die Trennung erstrebten. Hephaistos ist auch hier tragisch und komisch in seinem Zorn, ein grollender Titan, ein gutmütiger Spaßmacher zugleich. Über die dienende Rolle kommt er im Olymp, wo die Arbeit als unwürdig galt, nicht hinaus. Kleine Leute waren es, die ihn verehrten, Handwerker vom Kerameikos, und immer blieb ihm Athena übergeordnet als die eigentliche kunstschöpferische Macht. Doch war ihm auch sühnende Kraft zu eigen. Zu ihm flüchtet Pelops, um nach dem Morde an dem Wagenlenker Myrtilos durch die Kraft des Feuers gereinigt zu werden, in seiner Schmiede sucht der geblendete Orion Hilfe. Auf Geheiß des Zeus treibt Hephaistos im trojanischen Kampfe mit sengender Glut die verheerenden Fluten des wilden Stromes Skamander zurück. Und in der Geschichte seines Doppelgängers Daidalos werden noch andere Züge seines Wesens offenbar.

Dieser Daidalos, der ein Mensch ist, ein Sohn aus königlichem Geschlecht, hat mit Hephaistos die Besessenheit des Bildens gemein und die zauberische Kraft.

Wir finden ihn auf der Burg von Athen. Dem weitbekannten Meister wird ein Schüler anvertraut, Talos, von dem es heißt, daß er über die Maßen klug und begabt war und die Töpferscheibe und nach dem Muster des gezahnten Fischkiefers auch die Säge erfand. Der kindliche Schüler tat es dem Meister gleich, bald droht er ihn in den Schatten zu stellen. Daidalos, finsteren elbischen Wesens wie Hephaistos, kann es nicht ertragen, den Begabten neben sich aufwachsen zu sehen, und eines Nachts, als er mit ihm auf den Mauern der Burg steht, stößt er ihn heimlich in den Abgrund, macht die gesegneten Hände unschädlich für alle Zeit. Nach dieser Tat, diesem ersten mythischen Bekunden der Künstler-Eifersucht, muß Daidalos fliehen, er zieht übers Meer, und in Kreta nimmt ihn der Herrscher Minos gastfrei auf. Wie Hephaistos verfertigt er dort wundersame Werke, Statuen, die sich bewegen und sprechen, Dinge voll listenreicher Täuschung, die manchem zum Verderben gereichen. Ihm verdankt es die Königin Pasiphae, daß sie sich ihrer wahnhaften Liebe zu dem Stier des Poseidon hingeben kann, er ist es, dem es gelingt, im vielfach verschlungenen Labyrinth die Frucht dieser Beziehung, den Unmenschen Minotauros, gefangen zu halten und zu verbergen, und wiederum er rüstet die Königstochter Ariadne mit dem wunderbaren Fadenknäuel aus, mit dessen Hilfe der Minotaurostöter Theseus den Rückweg gewinnt. Um solchen vieldeutigen Beistandes willen verfolgt ihn Minos, nun wird auch Daidalos ein Gefesselter, der das Labyrinth und die Insel nicht mehr verlassen darf. Aber wie Hephaistos, der Langsame, dem schnellen Ares überlegen war durch seine Einfallskraft und magische Macht, so ist nun auch der ohnmächtige Daidalos dem mächtigen Minos überlegen durch die Kühnheit seines Willens, mit dem er sich ein neues Reich und eine neue Freiheit erzwingt. Was er in mühsamer heimlicher Arbeit hinter verschlossenen Türen verfertigt, sind riesige Vogelschwingen, was er sich erträumt, ist der Flug über das Meer. Eines Tages bricht er auf, vom Sohn Ikaros begleitet, dem er einschärft, sorgsamen Abstand zu halten von den Felsen und der tödlichen Flut, aber auch von der Sonne, der kein Sterblicher zu nahe kommen darf. Unmöglich ist es der Jugend, solches Maß zu halten, und Ikaros, trunken des Lichtes immer höher strebend, stürzt denn auch hinab und kommt um. In ihm beklagt Daidalos das Opfer seiner Hybris, vielleicht erkennt er in dem Tod des Sohnes auch die Sühne für das junge Leben, das einst durch seine Hand erlosch. Wir hören nichts mehr von weiteren Flügen. Daidalos wirkt von nun an in Sizilien, wieder nimmt ihn ein König auf. Alte Rache aber verfolgt ihn. Minos hat von dem Listigen gelernt, er hat sich auf die Reise begeben und zieht von Fürstenhof zu Fürstenhof und fordert halb spielerisch die Gastfreunde auf, ihm einen Mann zu weisen, der durch die enge Spirale einer Muschel einen Faden zu ziehen vermag. Dazu ist unter allen nur einer imstande, Daidalos, der das Labyrinth gebaut hat. Der schlingt den Faden einer Ameise um den Leib und läßt sie durch das Gewinde laufen und wird an solcher Schlauheit und Geschicklichkeit erkannt. Aber der Zorn des Verfolgers trifft ihn nicht, er ist unbezwinglich, ein ewig Überlegener, und da wir von seinem Ende nicht wissen, mag auch er schließlich aufgenommen worden sein in die Reihen der Götter, denen er gleicht an schöpferischer Kraft.

Die Gestalt des kunstreichen Schmiedes bleibt nicht auf den griechischen Mythos beschränkt. Hephaistos erscheint uns wieder im römischen Feuer- und Kriegsgott, zu dessen Besänftigung man lebende Fische ins Herdfeuer warf. Seine Gemahlin ist Bona Dea, die Göttin des Frühlings und der Empfängnis. Auf zauberhafte Weise wird eine gefangene Königstochter am Hofe des Tarquinius durch den Anblick einer aus dem lodernden Herdfeuer ihr zugestreckten Hand zur Mutter des Servius Tullius, und der Stadtgründer Caeculus der praenestinischen Sage ist ein »am Herde Gefundener«, ein märchenhafter Sohn des Vulkan. Zu Erdtiefe und Feuer gehört auch der germanische Wölund, den die Zwerge erzogen, der vom neidischen König Nidurd gefesselt und zum Krüppel gemacht wird. »Mädchen von Süden durch den Myrkwind flogen«, heißt es in der Edda, und mit der ungetreuen Göttin der Schönheit mag die Schwanenjungfrau, die den Wölund beglückt und verläßt, wohl zu vergleichen sein. Nidurd läßt den tüchtigen Schmied für sich arbeiten, er hat ihm sein Schwert genommen und ihn auf eine einsame Insel verbannt, wie Hephaistos ist er nun mißgestaltet, wie Daidalos muß er einen Weg gehen, auf dem ihm niemand zu folgen vermag. Ihn aber bewegt nicht allein der Gedanke an die Flucht, an das freie Hinausschwingen über die Menschenwelt, den Triumph des Geistes über den verkrüppelten Leib. Er sinnt der Rache nach, und noch ehe er sich der selbstgefertigten Flügel bedient, tötet er die beiden Söhne des Königs, schändet die Tochter und sendet die in Gold gefaßten Hirnschalen der Kinder dem Vater zu.

In dieser Sage fehlen die versöhnlichen Züge. Es fehlt die burleske Heiterkeit des olympischen Hephaistos, die dionysische Verschmelzung der unterirdischen und der himmlischen Welt. Die Freude des tiefgekränkten Wieland ist Rache, Spott und Hohn, und wie ein unheimlicher Riesenvogel sitzt er krächzend noch auf dem Dache des Palastes, um dem König die ganze Schrecklichkeit seiner Vergeltung zu enthüllen. Dennoch kommt auch in der Geschichte von Wieland dem Schmied etwas von der Tragik der gefesselten und geknechteten Urkraft zum Ausdruck. Auch seine Gestalt läßt sich deuten als die fruchtbare Verbindung von Kraft und Stoff, und der Triumph seines freien Fluges macht wie die letzten Worte der geschändeten Königstochter:

> Wieland zu wehren wußte ich niemals,
> Wieland zu wehren wußte ich nicht,

all seine gottähnliche Unbezwinglichkeit offenbar.

Perseus

Sagen früheren und späteren Ursprungs sind in der Geschichte des Perseus zusammengeflossen. Zwei berühmte Taten werden dem Helden zugeschrieben: die Überwindung der sterblichen Gorgo Medusa und die Erlösung der geopferten Jungfrau Andromeda am aithiopischen Strand. Diesen Taten voran geht die Legende einer wunderbaren Erzeugung und abenteuerlichen Kindheit, während am Ausgang des Mythos die tragische Erfüllung eines Orakelspruches steht. Endlich finden wir alle Gestalten dieser bewegten Sage, Menschen und Ungeheuer, Freund und Feind an den Sternenhimmel gebannt und dort zu unsterblichem Leben entrückt.

Wie in so vielen Heldenschicksalen der griechischen Welt spielt auch in dem des Perseus die Prophezeiung künftiger Geschehnisse eine entscheidende Rolle. Dem König Akrisios von Argos war geweissagt, daß ein Sohn seiner Tochter ihn einst erschlagen werde, und so heftig erwachte in dem Gewarnten die Furcht vor dem jungen, rücksichtslos vordrängenden Leben, daß er schon die eben erst geborene Tochter in einer ehernen Kammer im Hofe seines Palastes lebendig begrub. In diesem engen Verließ, das erst die Phantasie der Renaissancemaler in ein üppiges Prunkgemach verwandelt hat, verbrachte die junge Danae all ihre Tage, und nur von den Erzählungen ihrer Amme wurden ihre Träume genährt. Das Einzige, das ihr von draußen Schönes kam, waren die blitzenden Sonnenstrahlen, jener Regen des Lichts, der sich durch die Öffnung im Dach der Kammer ergoß. Jeden Tag funkelten die Strahlen herrlicher und erweckten in dem heranwachsenden Mädchen größere Sehnsucht nach der Weite des Himmels, nach dem großen Bogen der Sonnenbahn, von der sie nur eine kurze Spanne genoß. Eines Morgens breitete sie die Arme aus und gab sich der wunderbaren Kraft und Reinheit des Lichtes in einem neuen Gefühl der Bereitschaft hin. In dieser Stunde wurde Perseus zum Leben erweckt, und die götterkundige Amme stand nicht an, Zeus als den Vater des Himmels seinen Erzeuger zu nennen.

Der Knabe kam in der ehernen Kammer zur Welt, dort tat er seine ersten Schritte, und von dorther klang eines Tages seine helle Stimme hinauf in den Palast. Da befahl Akrisios Tochter und Amme an geweihter Stätte zum Gericht. Der heilige Ort war der Altar des Zeus, aber der Gott offenbarte sich nicht, und den Worten der Amme wurde kein Glauben geschenkt. Von der ganzen Schwere des väterlichen Urteils getroffen, fand Danae sich und den Knaben dem Tode geweiht. Doch wagte Akrisios nicht, Hand an die Tochter zu legen, und wie er sie nun im gebrechlichen Fahrzeug den vernichtenden Elementen preisgab, überließ er in einer letzten Ehrfurcht den Göttern die Entscheidung auch über das eigene Geschick.

In einem verschlossenen, einem Sarge ähnlichen Schrein tritt der Knabe Perseus, der einst wie ein wandernder Stern durch den Himmel reisen soll, seine erste Fahrt an. Wie seiner Mutter, die nichts anderes kennt als ihr begrenztes, behütetes Leben, wird auch ihm die Gefahr nicht bewußt, und etwas von jenem ersten, selig furchtlosen Dahingleiten haftet ihm sein ganzes Leben hindurch an. Das seltsame Fahrzeug bleibt von der Ungunst der Wellen verschont und landet endlich an der Küste der Insel Seriphos, und dort finden die beiden in dem armen Fischer Diktys und seinem mächtigen Bruder Polydiktys Hilfsbereitschaft und Machttrieb wunderlich gepaart. Auf dem damals noch üppigen Eiland wächst Perseus heran, bald sieht er seine Mutter von Polydiktys umworben, und frühzeitig erwacht in ihm der Wunsch, Ehre und Macht zu erringen, um die Verfolgte zu beschützen. Es mag sein, daß der herrschsüchtige König den lästigen Knaben seine Jugend und Ohnmacht fühlen ließ, daß Trotz und Auflehnung den jungen Perseus zur Prahlerei anstachelten. Eines Tages bot er sich an, statt eines geforderten Gastgeschenkes das Haupt der Medusa herbeizuschaffen, ein fast sagenhaftes Schreckbild, von dem er selbst nicht wußte, wo es zu suchen sei.

Als Perseus davonstürzte, klangen ihm Spott und Gelächter der Gäste nach und trieben ihn noch entschiedener hinweg. In tiefer Nacht fand er sich am Ufer des Meeres und erlebte hier jenen ersten Augenblick der Einsamkeit, in dem nach gefährtenreicher Kindheit der Jüngling die Stimmen der Natur vernimmt. Zum erstenmal fühlt er sich den Göttern verwandt, sie werden ihm gegenwärtig wie Fels und Welle, Baum und Strauch, und schon ist er ihrer Hilfe gewiß. Hermes, der Helle, Flüchtige, hat ihn zum Schützling erkoren, Athena, die mächtige Schwester, nimmt sich seiner an. Sie lehrt ihn, auf die Stimmen der Graien zu horchen, jener Grauen, niemals jung Gewesenen, welche sich die Kenntnis des rechten Weges nur durch List abtrotzen lassen, und geleitet ihn zu den Nymphen, von denen er mancherlei rettende Gabe empfängt. Mit Sichelschwert, Flügelschuhen und Tarnkappe ausgestattet, schwingt er sich über das Meer, dem Atlasgebirge entgegen, und wenn seine bisherigen Erlebnisse nichts anderes waren als die Erfahrungen und Aneignungen jedes Menschenlebens, so gleicht er nun einem, der auszieht, das Fürchten zu lernen. Denn der Tod ist es, den alle Kenntnis des Lebens in sich aufnehmen muß, und die Begegnung mit der schrecklichen Medusa bedeutet nicht weniger als die Berührung mit dem Tod.

Die Heimat der Gorgonen ist die klüftenreiche Öde der westlichen Gebirge, die Urlandschaft der Götter- und Menschengeschichte. Frühe Schilderungen nennen die Medusa, der wie zum Hinweis auf die Unzählbarkeit und Unvergänglichkeit ihres Wesens zwei unsterbliche Schwestern zur Seite gestellt sind, ein Mischwesen aus Stute und Weib. Ihre ehernen Hände und goldenen Flügel wie die Drachenschuppen ihres

Hauptes deuten auf eine tierische und zugleich metallische Natur. Ihr Geliebter ist Poseidon, der Herr des Meeres und der dunkeln Erde, der sie in der Gestalt eines riesigen schwarzen Hengstes auf blumenübersäter Wiese begattet, ein Flügelpferd und ein goldgepanzerter Ritter wachsen als Früchte dieser Beziehung in ihrem Schoß.

Perseus naht sich dem Ungeheuer von hinten. Indem er es im Spiegel erspäht, vermeidet er seinen vernichtenden Anblick und trifft es tödlich im Schlaf. Er birgt das abgeschlagene Haupt in der schützenden Tasche, die Tarnkappe rettet ihn vor der Verfolgung der Schwestern, und die Flügelschuhe tragen ihn eilends hinweg. In solchem Kampfe handelt er als der Abgesandte einer Göttergeneration, welche die Welt von den Verkörperungen dumpfer Urnatur zu reinigen gesonnen war. Die Dinge, die Athena und Hermes dem Jüngling verschafften, sind zwar Gaben der Natur, doch sind sie als Kampfmittel schon im Dienste eines geistigen Willens gestellt. So tritt Perseus dem Schrecken nicht als rohe Kraft gegenüber. Der Spiegel, in dem er das Bild der Gorgo auffängt, deutet auf die Klugheit, die sich der Gefahr nicht mehr unmittelbar aussetzt, die Tarnkappe auf die Kunst der Verstellung, die Flügelschuhe auf die Fähigkeit, sich der Erdenschwere in andere, lichtere Bereiche zu entziehen. Auch bedeutet die Bluttat des Perseus nicht Vernichtung allein. Der Schwertstreich des Helden entbindet die Medusa von dem Flügelpferd Pegasos, einem Wesen höherer Art, dessen Bestimmung es ist, den Quell im Hain der Musen für immer zu erschließen. Und das Haupt der Gorgo mit seinen im äußersten Schmerz verzerrten Zügen wird einst mit dem Bilde der gerechtesten und weisesten Göttin so fest verschmolzen, daß das Urnächtliche, grausig Schöne fast wie ein Teil auch ihres Wesens erscheint.

Ist die Gestalt der Medusa von so gewaltigem Ausmaße, daß sie noch im Tode magische Kraft ausstrahlt, so ist das Wesen der Andromeda von völlig anderer Art. Wie Perseus durch die stürmischen Wolken heimreisend die an den Felsen Gefesselte gewahrt, erscheint sie ihm sogleich als die Geopferte, Leidende, die es nicht zu besiegen, sondern zu verteidigen gilt. Denn vom eigenen Volke den rächenden Elementen als Sühneopfer preisgegeben, büßt Andromeda nur die Hoffart und Prahlerei ihrer Mutter Cassiopeia, Unschuld und Leiden bestimmen ihr Wesen, und in sanfter Klage ertönt die Stimme, die den Wolkenwanderer erreicht. Was sich nun begibt, ist der Kampf eines fahrenden Ritters um die Märchenprinzessin. Die Wasser rauschen auf, als die Ausgeburt der entfesselten Wogen erscheint ein Meeresungetüm, das der geflügelte Held mit dem Sichelschwert trifft. Tödlich verwundet hebt es sich in die Lüfte, noch wilder bäumen sich die Wellen, noch schauriger ächzen die Bäume im Sturm. Auf den Aufruhr der Elemente folgt die Stille des Sieges. Liebend an den Beschützer gelehnt, betrachtet das befreite Mädchen das Bild des Medusenhauptes in den Wellen und gewahrt neugierig und erschrocken, wie unter dem zu Boden gekehrten Zauberantlitz Gras und Kräuter kristallisch erstarren. Bald aber findet Perseus sich von Andromedas früherem Bewerber um den Siegespreis betrogen, und ein blutiges Nachspiel beginnt.

Der Kampf mit dem Nebenbuhler und seinen Anhängern ist nur ein Teil jenes Rachezuges, der Perseus nun bevorsteht. Nicht sogleich, sondern erst nach der Überwältigung durch die Überzahl seiner Gegner legt er das Schwert aus der Hand und bedient sich des furchtbaren magischen Zaubers, den das Medusenhaupt darstellt. Indem er es als Waffe benützt, gibt er sich zu erkennen als der Überwinder des Schreckens und des Todes, der alle geheimnisvollen Kräfte der Erdtiefe in sich gesogen hat. Jetzt erst gewinnt der leichtfüßige Wanderer, der von irgendwoher kommt und irgendwohin seines Weges zieht, die furchtbare Macht eines Zauberers, der um die tiefsten Geheimnisse weiß. Seinem hellen, listigen Wesen entsprechend hat er diese Geheimnisse leichten Herzens hingenommen, mit halbem

Ohre gleichsam und abgewandtem Blick. Nun aber bedient er sich ihrer, um die Feinde zu versehren. Die Unvorbereiteten werden von dem schrecklichen Anblick des Medusenhauptes getroffen, die Fliehenden verfolgt und gezwungen, dem Tode ins Auge zu sehen. Als die Aithiopen vernichtet sind und niemand mehr dem Helden die Braut streitig macht, geht die Reise meerüber, der Insel Seriphos zu. Hier sind die Betroffenen der König Polydiktys und seine Gäste, die Perseus, wie von einer Traumfahrt heimkehrend, noch immer beim Mahle findet. Auch hier waltet der Held schrecklich und ohne Gnade. Nicht nur die höhnenden, ungläubigen Menschen, sondern auch die Natur wird versteint. Wie die Gefilde eines erloschenen Sterns bedecken nun Felsenwüsten die Insel, und mit Andromeda, Danae und dem hilfreichen Fischer verläßt Perseus den verödeten Ort.

Das Ziel ist Argolis, die Heimatburg Argos, wo Danaes Vater noch immer regiert. Nicht um Rache zu nehmen, nahen sich ihm die Verstoßenen, sie trachten danach, ihn ihrer freundlichen Gesinnung zu versichern. Akrisios, zu dem die Kunde von der Heldentat des Enkels gedrungen ist, ist geflohen, gehetzt von der alten Furcht. Perseus eilt ihm nach und findet ihn in Larissa, und hier endlich gelingt es ihm, den lebensgierigen Greis zu beruhigen. Doch soll sich nun auf eine völlig unerwartete Weise die alte Prophezeiung dennoch erfüllen. Nicht als Rächer der verstoßenen Mutter, nicht als ungeduldig machthungriger Erbe, sondern als unschuldiges Werkzeug der Vorsehung verursacht Perseus des Großvaters Tod, und nicht Harpe oder Medusenhaupt ist die Waffe, dem das Leben des Greises zum Opfer fällt: Bei friedlichen Wettkämpfen am Hofe des Gastfreundes wirft Perseus den Diskus und die rollende Scheibe trifft Akrisios, der bald seiner Verletzung erliegt.

Die tragische Erfüllung des alten Spruches schließt die Heldengeschichte ab. Wir finden Perseus noch als Herrscher und Vater vieler Söhne auf der Burg von Mykene, die er gegen das ihm verleidete Argos eingetauscht haben soll. An verschiedenen Orten finden sich Berichte über die Rückgabe der wunderbaren Geschenke an die Spender, und solche Rückgabe mutet wie eine Entkleidung des Glanzes, eine Rückkehr in das alltägliche Leben an. Doch heißt es auch einmal, Perseus habe nach vielen Jahren des seßhaften Lebens noch Rache nehmen wollen an dem alten Kepheus, dem König der Aithiopen, der ihn einst verraten wollte. Ohne zu wissen, daß der Uralte seiner Sehkraft beraubt war, habe er ihm das Medusenhaupt entgegengehalten, das längst nicht mehr erprobte, mit dem sich für den zur Ruhe Gekommenen alle Kraft seiner Jugend, aller Zauber des Abenteuers verband. Freundlich gelassen habe der Greis den Anblick des Schreckens ertragen, habe geatmet, gesprochen und die Glieder gerührt wie vorher. Angesichts solcher Standhaftigkeit sei dem Perseus ein furchtbarer Zweifel gekommen an der Macht seines magischen Zaubermittels, ein Zweifel vielleicht an der Wahrheit des selbst Erlebten, an der eigenen unüberwindlichen Kraft, und erschrocken habe er das schreckliche Antlitz gegen sich selbst gekehrt, um die Heldentat seiner Jugend noch einmal bestätigt zu finden. Da aber habe sich ihm auf eine furchtbare Weise gezeigt, daß dem Wirken der finsteren Urgewalt kein Ende gesetzt war. Er sei zu Stein geworden, langsam wie alle die andern, die an der Macht des Zaubers gezweifelt hatten, und so, am Ende eines heldenhaften Lebens, habe ihn der Schrecken dennoch besiegt.

Bellerophontes

Die Geschichte des Bellerophontes beginnt mit einem Frevel und einer Flucht. Der dem göttlichen Samen des Aeolus entsprossene Jüngling, dessen Gestalt ohne Tadel und dessen Antlitz von großer Schönheit war, hatte, wir erfahren nicht, durch welchen unseligen Zufall, seinen eigenen Bruder erschlagen. Lag solche Freveltat auch über seinem ferneren Leben wie ein Schatten, den alles Gnadenlicht der Götter nicht aufzuzehren vermochte, so erwuchs doch dem Jüngling zunächst kein Schaden, keine Schmälerung seines Ansehens und Glücks. Die Flucht war notwendig, aber sie führte nicht weit, schon der dem Heimatorte Korinth benachbarte König Proitos von Argos nahm den Knaben freundlich auf, gewährte ihm Entsühnung und Schutz. Neben den Söhnen des Mächtigen wuchs der Landflüchtige auf, wurde wie jene im Kampfspiele geübt und nahm an ihrer Erziehung teil. Etwas Besonderes scheint in seinem Wesen gelegen zu haben, das ihm die Herzen gewann, vielleicht die leise Schwermut des Heimatlosen, das geringe Mehr-vom-Leben-Wissen, das ihn von den adligen Gefährten trennte. Man hielt ihn für älter, als er war; ein Knabe noch, schien er ein Mann, und während seine Gedanken noch ums Kugelspiel kreisten, rückten die Frauen, die an ihm vorbeigingen, schon Schleier und Locke zurecht. Die Königin Anteia war ihm vor allen zugetan, in stellvertretender Mutterschaft gewährte sie ihm manche Zärtlichkeit, die er halb bewußt suchte und floh, wie die trotzige Knabenlaune es ihm eben eingab. In jener Gesellschaft aber, die jede Zuneigung als eine Bestätigung des eigenen Wertes in spielerischer Freude anzufachen weiß, meinte Anteia in den dunklen Blicken des Knaben bald mehr als die scheue Bewunderung eines Kindes zu lesen. Sie glaubte sich das Ziel all seiner Gedanken und Wünsche, und von solcher angedichteter Leidenschaft selbst zur Leidenschaft entfacht, wartete sie darauf, sich in dem Feuer der Jugend selbst zu verjüngen und in der reinen Kraft der Unschuld ihre Erfahrungen zu vergessen. Eines Tages schien ihr der günstige Augenblick gekommen, sie war allein mit Bellerophontes, und ehe noch der Überraschte sich dessen versah, enthüllte sie ihm mit den Reizen ihres Leibes auch die Begierde ihrer Sinne. Bellerophontes, entsetzt von der jähen Verwandlung der königlichen Frau, unkundig des vermittelnden Wortes und von der Erbarmungslosigkeit der Jugend erfüllt, wußte nur einen Ausweg aus solcher Bedrängnis. Er floh aus der dumpfen Luft des Frauengemachs, aus dem verwirrenden Halbdunkel der weiblichen Welt, floh zu Proitos, den er verehrte als ein Vorbild aller männlichen Kraft. Aber während er draußen in der hellen scharfen Luft des Wintertags, den Waffenübungen hingegeben, das sonderbare Erlebnis schon halb vergaß, sann Anteia der Kränkung nach. Es dauerte nicht lange, da vertauschte sich der Siegesgewohnten die Neigung in Haß, und aus der Verwandlungskraft der Eigenliebe heraus wurde der Knabe zum Angreifer auf ihre Tugend, sie selbst zur verfolgten Hüterin ihrer Ehre und ihres Glücks. Des Bellerophontes gierige Hände hatten ihr die Kleider aufgerissen, von der hastigen Abwehr waren ihre Wangen gerötet, ihre Locken verwirrt. Nun eilte sie ebenso, mit geröteten Wangen und aufgelöstem Haar, hinüber ins Männerhaus, ließ Proitos holen und berichtete ihm voll Empörung von der frevlerischen Tat.

Proitos zeigte sich weder übermäßig erstaunt, noch allzu entsetzt. Er schenkte Anteias Worten Glauben, aber er war ein Mann und die jähen Aufwallungen männlicher Begierden waren ihm so wenig fremd wie Anteias Lächeln und Augenspiel, das nur darauf abzielte, die Wünsche der Männer zu erwecken.

Er liebte den fremden Knaben, fast freute es ihn, daß jener seine ersten Wünsche so hoch erhob und ihnen so nachdrücklich fordernd Ausdruck verlieh. Und während Anteia noch eiferte in blindem Haß, überlegte Proitos schon, wie er der Ehre Genüge tun und sich doch zugleich der Verpflichtung entziehen konnte, die schreckliche Rache zu üben. Denn nicht weniger verlangte Anteia als des Bellerophontes Tod.

Bellerophontes wurde von dem König Proitos, der ihn so lange gehalten hatte wie einen eigenen Sohn, nicht ums Leben gebracht. Er mußte nur wieder wandern, weitere Strecken diesmal, über Länder und Meere hin. Proitos schickte ihn zu seinem Schwiegervater nach Lykien, und wenngleich er ihm auch auf Geheiß der Anteia einen Brief mitgab, der seinen Tod verlangte, so waren doch nun dem Schicksal allerlei Auswege geöffnet, den Verurteilten zu verschonen oder gar zu erhöhen. Wirklich glich Bellerophontes' Reise einem Siegeszug, er wurde in Lykien empfangen wie ein Fürst, und nicht nötig erschien es, das Empfehlungsschreiben abzugeben, diesen Uriasbrief, von dessen Inhalt Bellerophontes nichts ahnte. Denn als der König Jobates den schönen Jüngling sah, als dieser ihm von der Tochter und dem Eidam und dem segensvollen Wirken des Paares zu berichten wußte, schloß er ihn in die Arme, bewirtete ihn königlich und ließ die Freudenfeuer nicht ausgehen, die Gesänge nicht verhallen, neun Tage lang. Während dieser Tage, an denen Waffenspiele geübt werden, zeichnete sich Bellerophontes auch auf jede Weise aus, er gewann das Herz des alten Königs und nur wie zum Scherz, als ein letzter schon überflüssiger Beweis der Verbindung wurde noch das Siegel erbrochen und der Brief gelesen, den Proitos dem Schwiegervater schrieb. Da war dann freilich auch Jobates genötigt, der Familienehre Genüge zu tun. Doch mochte auch er an den Schönen, ihm Liebgewordenen nicht die Hand legen. Es gab einen Ausweg, alt und erprobt in der Geschichte der Helden, den tödlich gefährlichen Auftrag, die ehrenvolle Pflicht, der sich kein Ruhmsüchtiger entzieht.

Diesen Ausweg erwählte Jobates, indem er Bellerophontes gegen seine Feinde ausschickte.

Die Mächte, die Bellerophontes im Dienste des asiatischen Herrschers zu überwinden hatten, waren halb irdischer, halb mythischer Natur. Es war das Fabelwesen Chimaira, von Poseidon und Echidna erzeugt, ein kosmischer Schrecken, der erderschütternd und gifthauchend die Felder verwüstete und den Menschen in der wunderlichen Gestalt einer löwenköpfigen, schlangengeschwänzten Ziege erschien. Es waren die Solymer, ein wildes Bergvolk, das räuberisch lüstern immer wieder einbrach in den Frieden der Täler und sich die Früchte des Fleißes aneignete mit roher Gewalt. Es war endlich noch ein anderes Volk, weniger leicht faßbar, im Gefolge der Mondgöttin unirdisch hinbrausend, ein Heer von Weibern, wild wie die zerrissenen Wolken am Nachthimmel und für die Erdbewohner ein eisiges Grauen.

Von all diesen Feinden erfuhr Bellerophontes, er verließ den Hof und das Land, unerschrocken wandte er sich dem Abenteuer zu. Zwar ahnte er nur die Zusammenhänge, den Verrat der Königin Anteia und den Anschlag auf sein Leben, und fast wollte es ihm grauen vor solcher Verfolgung des Schicksals, solcher Mißgunst ohne Ende. Aber es begann auch etwas in ihm aufzuwachen, Trotz und Zorn, eine Sehnsucht nach Seßhaftigkeit und Herrschermacht, Burg und Hof und nach einem Anrecht an eine dieser Stätten, die er immer wieder verlassen mußte. Mehr noch als in Argos verlockte es ihn, hier in Lykien zu bleiben, ein Landwirt auf reichem Boden, ein Heerführer tapferer Scharen, wie es die Zeit gebot. Er wollte Philonoe gewinnen, Jobates' jüngere Tochter, die der Schwester Anteia ähnlich war und auch wieder nicht, da sie in der zarten Unschuld ihres Alters von keiner Verführungskunst und -lust wußte, und er zweifelte nicht, daß der König sie ihm zur Frau geben würde, wenn er heimkehrte, mit Ruhm und Ehre bedeckt.

Der Chimaira wollte er zuerst zuleibe, er machte sich auf den Weg, und als müsse er sich auf der heimischen Erde die nötige Kraft gewinnen, finden wir ihn wie durch Zauberei mit einemmal zurückversetzt nach Korinth. Dort, an der heiligen Quelle Peirene, begegnet ihm das Zauberroß Pegasos, von Poseidon und Medusa auf blühender Wiese am Okeanos erzeugt und dem Halse der sterbenden Medusa entsprungen, voll von göttlicher und urweltlicher Kraft. Bellerophontes steht wie gebannt, er ahnt das Göttergeschenk, und mit rascher Gewalt versucht er, sich das Roß dienstbar zu machen. Dieses aber springt zur Seite, entweicht immer aufs neue und stiebt, die goldene Mähne schüttelnd, leicht wie ein Schatten über die Berghalden hin. Und erst die Nacht, die den Erschöpften zwingt, bei der Quelle zu ruhen, bringt das rettende Traumbild, erst der nächste Morgen den wahren Besitz.

Diese Nacht an der heiligen, vom Ahnherrn gestifteten Quelle Peirene bedeutet in der Tat eine entscheidende Wendung in Bellerophontes' Leben. Athena erscheint ihm, sie ruft ihn auf als einen König und des Aeolus Sproß, und wie sie ihn damit verpflichtet zu außergewöhnlicher Tat, legt sie ihm mit dem goldenen Zaum auch das Mittel dazu in die Hand. Den Zaum wird Bellerophontes dem Wunderpferd überwerfen in Sanftmut und List; mit dem einfachen Band, das Fessel und Hilfe zugleich ist, wird er sich des wilden Rosses Nacken gefügig machen für alle Zeiten.

Aber nicht nur die erste Rossebändigung kommt in der Geschichte des Bellerophontes zum Ausdruck, sondern aller Beginn der Herrschaft des Menschen über die dumpfen Kräfte der Natur. Denn Bellerophontes ist zuerst ein Wanderer und dann ein Reiter, zuerst ein an der Erde Haftender und dann ein frei durch die Wolken schweifender Held. Der Pegasos hat Flügel, wer ihn beherrscht, der beherrscht das Reich der Lüfte und Wolken, dem bieten die Mauern kein Hindernis, die Meere keine Grenzen, die Gebirge keinen Aufenthalt mehr. Die schweifende Phantasie hat man im Pegasos erkannt, die Dichterkraft auch, die sich über das Irdische erhebt. Aber es ist mit diesem Geschenk wohl jede Begnadung der Götter gemeint, jede Freiheit des Geistes, die eine größere Überschau und Überlegenheit gewährt.

Wie der Reiter hinzieht, um das Wenige des Pferdeleibes über die andern erhöht und doch hineinragend in den freieren Bereich der Baumkronen und Winde, so wird Bellerophontes mit diesem Göttergeschenk teilhaftig einer anderen und höheren Welt. Im Traume schon und noch im Erwachen fühlt er sich ausgezeichnet und erhöht, und wie dann das herrliche Tier, vom Götterzaum bezwungen, den Nacken biegt und ihn aufsteigen läßt, da ist auch er selbst gebändigt und beherrscht in jener Art der Selbstzucht, der jeder Herrschende bedarf.

Auf solche Weise wird Bellerophontes, der immer wieder Vertriebene, der Schuldlos-Schuldige erhöht und gestärkt. Er tritt den Plagen gegenüber, die er austilgen soll, und sei es nun, daß er, ein mythischer Wolkenreiter, aus beherrschender Höhe über mythische Wesen hereinbrach, sei es, daß er, ein kühner und kluger Kämpfer, die inneren und äußeren Feinde des lykischen Reiches bekämpfte, Selbstbeherrschung und geistige Freiheit sichern ihm den Sieg. Er bezwingt die Chimaira, die Solymer und die Amazonen, und als ein Volksheld und großer Sieger kehrt er zu Jobates zurück.

Dort glaubt er sich eines ruhmreichen Empfanges gewiß. Aber Jobates ist weit davon entfernt, dem Heimkehrenden Kränze zu winden. Die Kunde von den erlösenden Taten des Bellerophontes hat ihn erschreckt, zu mächtig ist ihm nun jener geworden, zu innig wird er schon überall vom Volke geliebt und verehrt. Schon scheint die rettende Tat mehr zu gelten als die angestammte Würde, die Jugend mehr als das Alter, und Jobates beginnt in Bellerophontes den Nebenbuhler zu sehen. Die Edeln seines Hofes schüren seinen Haß, sie sind bereit, das alte Reich zu verteidigen, den König, ihre eigene machtvolle

Existenz. Doch nur aus dem Hinterhalt wagen sie das Spiel, und im engen Bergpaß wird der nächtlich Reitende von einer Vielzahl Gepanzerter überfallen. Bellerophontes erkennt die Gastfreunde, und seine erste Überraschung weicht einem furchtbaren Zorn. Wieder muß er kämpfen, wieder trägt ihn das Flügelpferd in die Lüfte und bald hier, bald dort niederstoßend, übt er schreckliche Rache für den Verrat. Mit diesem Siege des Einen über die Vielen aber ist Jobates' Widerstand gebrochen, und mehr noch als berechnende Klugheit bestimmt nun ein ehrfürchtiger Schauer vor der sichtbaren Göttergnade den König, dem Heimgekehrten in jeder Weise Genüge zu tun. Bellerophontes wird mit Ehren überhäuft, bald nennt er reichen Grundbesitz sein eigen, die fruchtbarsten Felder und Weingärten, das üppigste Land. Er bekommt die Königstochter Philonoe zur Frau, und wie dann die Jahre hingehen und ihm drei Kinder, zwei Söhne und eine Tochter, heranwachsen, findet er seinen Traum vom seßhaft tätigen, vielen zum Heile wirkenden Leben fast über Erwarten erfüllt.

Aber dem Dasein des Bellerophontes ist ein friedliches Ausklingen, ein ruhiges Alter als Würdenträger, Volksfreund und Heldenvater nicht bestimmt. Wie die Gestirne sich von Zeit zu Zeit verdüstern nach berechenbarem und dennoch unerforschlichem Gesetz, so tritt um die Mitte seiner Lebenszeit eine wunderliche Verdüsterung ein. Nicht unbekannt ist solche Wandlung in der Geschichte der Heroen, Herakles fiel ihr anheim, und von einem Felde des Irrens ist in mancherlei Sagen die Rede. Ob die Verstörung, das plötzliche Abirren von der sicheren hellen Bahn die Folge eines Göttergerichts ist, ob sie dieses erst hervorruft, ist oft schwer zu entscheiden. Die alte Sage erzählt, daß Bellerophontes in den Tagen seines größten Glückes, von Hochmut und Lebenstrieb angestachelt, den Pegasos bestiegen habe, um aufzusteigen gen Himmel und am Tische der Götter den Platz einzunehmen, von dem er glaubte, daß er ihm gebührte; auf Geheiß des Zeus soll er zur Strafe für solchen Hochmut von dem himmelstürmenden Pegasos abgeworfen worden und zu Boden gestürzt sein, auf die kahle Erde, das Feld des Irrens, in die Nacht ewigen Wahnsinns hinein. Aber es mag auch sein, daß, wie Euripides es darstellt, die Vorgänge sich in anderer Reihenfolge abgespielt haben und der Wolkenritt des Bellerophontes auch einen Frevel bedeutete, aber einen von anderer Art.

Denn vielleicht hatte Bellerophontes, als er zu den Göttern aufsteigen wollte, den Höhepunkt seines irdischen Glückes schon überschritten. Nach allem Segen war auch das andere in sein Leben getreten, das Dunkle, das niemand verstehen kann, weil es den Gesetzen des Lebens zuwider zu laufen scheint. Ein Sohn ist im Kampfe gegen die immer wieder unruhigen Bergvölker geblieben, eine Tochter, von Zeus verführt, fiel den Pfeilen der Artemis anheim. Für Bellerophontes, der sich für alle Zeiten von den Göttern geliebt und ausgezeichnet glaubte, war der Tod seiner Kinder ein vernichtender Schlag. Da der erste Sohn dahin war, sah er auch den zweiten, eben herangewachsenen, beständig bedroht. Zu dieser Sorge kamen andere, die er zu anderen Zeiten leicht abgeschüttelt hätte, die aber nun ein fürchterliches Gewicht gewannen. Mißernten drohten, die Bergvölker, lange in Schach gehalten, wagten sich wieder und immer kecker hervor. In schlaflosen Nächten sah Bellerophontes auch das letzte der Kinder tot, sah sich zurückbleiben, kinderlos, alt, unfähig sich zu wehren gegen die Zerstörung seines Lebenswerkes, die sich schon anzubahnen schien. Er glaubte des Nachts in den zerrissen hineilenden Wolken ein Heer von Geistern zu erblicken, Frauen, die sich von langmähnigen Pferden niederbeugten und ihm ihren alten Kampf- und Siegesgesang zuriefen. Oft war es ihm, als könne es nur der giftige Feueratem der Chimaira sein, was ihm das Herz so beklemmte und die Freude verdorren ließ. Und langsam erwachte in ihm der furchtbare Zweifel an seinem Sieg, und er fragte sich, ob nicht alle Ängste und Schrecken der Menschen unausrottbar seien, ob sie nicht in ewiger Wiedergeburt sich zu erneuen drohten.

Gegen solche Bedrückung und Verdüsterung wußte Bellerophontes nur ein Mittel. Noch stand im Stalle das Pferd Pegasos, und wenn auch viele Jahre vergangen waren, seit er in der ersten jubelnden Freude des Besitzes sich in Waffentänzen erhoben hatte in die Luft, so war doch nur Bellerophontes älter geworden während dieser Zeit. Das Roß veränderte sich nie, sobald sein Herr in den Stall trat, schlug es die goldenen Hufe funkensprühend donnernd gegen den Boden, warf die Lichtmähne zurück und wieherte auf, daß es wie das Wehen des Sturmes über dem Meere klang. Bellerophontes liebkoste es, oft wollte er sich auf seinen Rücken schwingen und gegen die alten Feinde reiten. Aber er tat es nicht, etwas hielt ihn zurück, eine seltsame Überzeugung, es müsse diesem ersten Ritt nach langer Zeit, diesem letzten vielleicht für immer, eine besondere Bedeutung zukommen und ein besonderes Ziel.

Inzwischen aber sank er immer tiefer in die Verzweiflung hinein. Schließlich war es nicht mehr des Sohnes Geschick, was ihn bekümmerte, nicht mehr der Ansturm der Feinde, nicht mehr die Sorge um eigenes und anvertrautes Gut. Er hatte eine letzte Stufe erreicht, auf der ihn nur eines noch anging, der Sinn der Welt, die Wahrheit und das Dasein der Götter als einer ordnenden und lenkenden Kraft. Zu diesen wollte er aufsteigen, wollte sie sehen und wahrhaben, was ihm nun allzu oft erscheinen wollte wie eine fromme Sage, von der die Geschehnisse der wirklichen Welt sich abheben wie ein schrilles Chaos von Tönen von einer sanften und erhabenen Melodie. Darum sattelte er eines Tages den Pegasos, darum spornte er ihn hinauf, immer höher hinauf, begierig im Reich der Erkenntnis den Einklang zu finden, den Sinn der Welt und die wirkliche Harmonie.

Solche Wißbegierde dulden die Götter nicht. Bellerophontes wird abgeworfen und während Pegasos als ein reiterlos freies Gewitterroß, hinaufstürmt, um dem Zeus zu dienen, liegt der

Held als ein Gestürzter und Geschlagener auf dem öden Felde. Lahm nur und hinkend, kann er sich wieder erheben, und das Göttergeschenk, die Gnade der Wolkenritte, ist für immer dahin. Er kehrt nicht mehr zurück in den Palast, von nun an lebt er wie in einer andern Welt, wandernd und irrend, hier und dort von den Bauern und Hirten aufgenommen, bringt er seine letzte Lebenszeit hin. So gleichen die Jahre seines Alters den unsteten der Jugend und unterscheiden sich von jenen nur dadurch, daß sie ohne Hoffnung sind. Denn nun erwartete Bellerophontes nichts mehr als das Stück Brot, das seinen Hunger stillt, und hatte nichts anderes zu geben als seinen Dank und seinen Rat. Dieser Rat aber zeugte von großer Weisheit und Menschenliebe, und um seinetwillen mag der alte Wanderer, der den Himmlischen das Opfer verweigerte, dennoch vielen als ein gesegneter Freund der Götter erschienen sein.

Die böotischen Dioskuren

Dem König Nykteus von Theben wuchs eine Tochter heran, deren Anmut so groß war, daß man sich auf den Märkten der Stadt, in den einsamen Dörfern des Gebirges, auf den Hafenplätzen und selbst auf den fern im Meer dahinsegelnden Schiffen von ihr wie von einem Wunder erzählte. Solcher Ruhm war nur dem der Helena vergleichbar, und manch einen mag das Übermütig-Verhängnisvolle einer so göttergleichen Bildung des Leibes zu trüben Prophezeiungen gestimmt haben. In der Tat war Antiopens Los sehr verschieden von den Erwartungen, die man in den Bauernhäusern und Hafenschenken wie in den Fürstenschlössern der Großen des Landes hegte, und ihr Vater, dessen Gedanken seit langem um eine ehrenvolle Verbindung und Stärkung seiner eigenen Macht kreisten, wurde aufs bitterste enttäuscht.

Die junge Antiope nämlich wartete keineswegs auf den königlichen Freier, der ihr bestimmt war. Als sie, kaum erwachsen, einmal der Zucht der Hüterinnen entkam und die Stadt verließ, um sich neugierig schweifend in den Wäldern Böotiens zu verlieren, wurde sie von dieser neuen Freiheit, von dem Rauschen der Blätter, dem dunkeln Gemurmel der Bäche und dem Glitzern der Sonnenstrahlen in einen solchen Rausch der Freude versetzt, daß sie sich dem ersten besten hingab, den sie auf ihrem Wege traf. Dieser erste beste war Zeus, und Antiope ahnte es wohl. Sie ließ sich von seiner Stimme umschmeicheln, von seinen Armen umfangen, von seinen Lippen küssen, und alle diese Liebkosungen waren für ihre unschuldige Empfindung so wenig verschieden von der süßen und schmerzhaften

Berührung der Natur, daß sie ihr nur wie eine Krönung der seltsamen Erfahrungen dieses Tages erschienen.

Als sie, heimgekehrt, zitternd von ihren Erlebnissen Kunde gab, scheute sie sich nicht, den Namen des allen Wesen innewohnenden Höchsten zu nennen, und diese Kühnheit ließ die Scheltenden verstummen. Nur der Vater blieb ungläubig und hart, in namenloser Enttäuschung verfluchte er die Tochter und bedrohte sie mit so heftigen Worten und Gebärden, daß die Erschrockene entfloh und sich verbarg, um dann des Nachts weiterzuwandern, voll von Erstaunen und Trauer über ihr so jäh verwandeltes Geschick. Denn es war nun alles anders, als man es ihr versprochen hatte von Kindheit an, und statt mit fürstlichem Gefolge und reich ausgestattet, auf prächtigem Wagen einer neuen Heimat entgegenzufahren, wanderte sie als Bettlerin, zog ins Ungewisse und war allein. Und auch der wunderbare Fremde, der satyrgestaltige mit den zarten Händen und dem sanften und glühenden Blick, zeigte sich nicht. Feindlich und leer umgab sie die Wildnis der Wälder, die sie durchmaß, und wie allmählich die Erinnerung an das wunderbare Geschehen verblaßte, fühlte Antiope selbst sich geschändet und entehrt.

Nicht lange blieb sie allein. Es gleicht ja die Schönheit einer geheimnisvollen Flamme, welche über die Länder hinwandelnd überall die Liebe anzieht und die Wünsche, die sich gleich Klingen kreuzen, und das Verhängnis zuletzt. So fand Antiope zwar bald einen Beschützer in Gestalt des Königs Epopeus von Sikyon, der die Fliehende auf ihrem Wege traf und sie mit sich nahm und zur Herrin seines Hauses erhob, und war nun behütet mitsamt der Frucht, die ihr im Leibe wuchs, und war doch wie von einem Fluch betroffen, der alle, die sie liebten, ins Verderben riß. Von dem Vater kam die Kunde, daß er sich aus Schmerz über die Schande der Tochter das Leben genommen habe, und auf sein Geheiß rüstete sich sein Bruder Lykos zur Verfolgung der Entflohenen und nahte sich der Stadt des Epopeus in rächendem Krieg.

Antiope sah in diesem Kampfe den Epopeus fallen, der sie geliebt und beschützt hatte, sah die Stadt, in der sie Obdach gefunden hatte, von den Flammen verzehrt. Sie fand sich selbst in Fesseln geschlagen und fortgeführt nach Theben, und auf dieser langen Reise geschah es, daß sie in einer Waldmulde niederkam und Zwillinge gebar. Diese beiden Söhne, schön wie der Tag, blieben in der Obhut eines Hirten im Gebirge zurück, während Antiope, verlassen nun von der Gottesfrucht und gleichsam erloschen, sich fortschleppen ließ, noch bittereren Schmerzen, noch tieferer Demütigung entgegen.

Die Kinder, die in der Einsamkeit der Berge aufwuchsen, wußten weder von ihrem Vater, der sich vom Olymp herabgelassen hatte, um in Gestalt der überaus Schönen die blühende Erde zu umarmen, noch von den Leiden ihrer Mutter, welche vielleicht nichts anderes bedeuten als die langen und schmerzlichen Wehen einer besonderen Geburt. Denn von besonderer Art waren die Brüder, unirdisch bei allem menschlichen Gehaben. Wunderbar war, wie sie sich in allen Eigenschaften ergänzten, wie sie zusammen in der Fülle ihrer Gaben ein Wesen ausmachten, das nicht gemessen werden konnte mit menschlichem Maß.

Ihre Verschiedenheit zeigte sich frühe schon dem ländlichen Erzieher, den der Knabe Zethos im Klettern und Jagen, im Tieregreifen und Lastenschleppen bald übertraf, während der sanfte Amphion wanderte und träumte und auf der doppelten Flöte bald schwermütig, bald heiter blies. Brach jener mit der Kraft eines jungen Stiers durch das unwegsame Gehölz, so schlüpfte dieser behend wie ein Reh unter den Zweigen dahin, verschaffte jener sich mit der Gewalt seiner Fäuste Geltung unter den Gefährten, so beherrschte dieser sie mit seinem Lächeln und der Macht seines Blicks. Bis aufs Geringfügigste erstreckte sich das Anderssein der Knaben, auf den Geschmack an Eßbarem und Trinkbarem, die Vorliebe für Tiere und Pflanzen, die Lust an Arbeit und Spiel. Dennoch verließen sie sich des Tages nur selten und lagen des Nachts innig umschlungen im ruhigen Schlaf.

Seltsam mag es uns dünken, daß die beiden ungleichen Brüder sich so von Herzen liebten. Mußte nicht der Zarte und Sanfte den Furchtlosen beneiden, der Ungeschlachte und Kraftvolle den Schöngebildeten hassen? Als ein ewiges Zeugnis solchen Hasses steht in unserer Erinnerung jene Erzählung, die auch von den Küsten des Mittelmeeres herrührt und die doch aus einem wilderen und dunkleren Lande zu stammen scheint, die Geschichte Abels, der seinem Bruder mit lächelndem Hochmut begegnete, und Kains, der Abel um die Geschicklichkeit seiner Hände und um der Gottseligkeit seiner Gedanken willen erschlug. Und nicht nur von dorther, sondern aus mancherlei eigener Erfahrung kennen wir die tödliche Spannung zwischen Kraft und Geist, und oft spielt sich in einem einzigen Herzen der Kampf ab, der zwischen den biblischen Brüdern zu einer so furchtbaren Auslösung kam.

Unter dem hellen Himmel der griechischen Welt aber verrinnen solche Gedanken in einen Schatten, ein Nichts. Die ungleichen Brüder Amphion und Zethos liebten sich um ihrer Ungleichheit willen. Wo der Arm des einen zu schwach war, erhob der andere das Schwert, und wo es diesem an List und Weitblick gebrach, schickte sich jener an zu bedenken und zu schauen. Noch umgab sie die Einsamkeit des Berggehöftes, noch galten ihre Gedanken kindlichem Spiel. Aber als der Tag gekommen war, zeigte sich die wunderbare Unüberwindlichkeit des vom Geiste gelenkten Körpers, die höchste Entschlossenheit des im vollkommenen Leibe erblühten Geistes.

Die erste Tat, die die Jünglinge gemeinsam verrichteten, galt der Verteidigung der mütterlichen Ehre und der Eroberung eigener Macht. Noch war Antiope fern, sie lebte am Hofe des Lykos, gedemütigt, einer Sklavin gleich. Ihre Strafe war mehr als das Vermächtnis ihres unversöhnlichen Vaters, sie war eine heilige Rache der Menschen an der Schönheit, die mit der Unschuld der Natur der Gesetze zu entraten sich erkühnt. Lykos' Gemahlin Dirke hatte die Züchtigung übernommen, und je mehr im Laufe der Jahre Lykos selbst, von der sanften Trauer der Dulderin gerührt, zur Milde neigte, desto unerbittlicher verfolgte Dirke die Jüngere mit ihrem eifersüchtigen Haß. Sie ging endlich so weit, Antiope in Ketten zu schließen wie einen Hund. Eines Tages aber fand man das Verließ leer, die Ketten wie von überirdischer Hand berührt unversehrt am Boden liegend und die Gefangene entflohen. Indes war Antiope schon weit, wanderte, erbettelte ihre Speise und heischte in den einsamen Hütten ein Obdach für die Nacht. Sie suchte den Weg, auf dem sie einst nach Theben gekommen war, und obwohl seitdem so viele Jahre vergangen waren, verfehlte sie ihn nicht.

An einem Winterabend erreichte Antiope das Gehöft, in dem sie ihre Söhne zurückgelassen hatte, und da ein Jüngling, groß und kräftig von Wuchs, sich gerade anschickte, das hölzerne Tor zu verschließen, bat sie diesen mit zitternder Stimme um ein Lager für die Nacht. Aber der am Tore stand, war nicht Amphion, der Sanfte, des Lauschens Gewohnte, dem wohl eine Ahnung aufgestiegen wäre von der Ungewöhnlichkeit des Geschehens. Es war Zethos und er erkannte die Mutter nicht. Eine entlaufene Sklavin glaubte er vor sich zu haben, und weil er in der Ferne Schritte hörte und erregte Stimmen, trachtete der Menschenungewohnte, sich dem Streite zu entziehen. Während schon der Schein heranstürmender Fackeln das bleiche Gesicht der Flüchtigen erhellte, schloß er das Tor und ging zum Hause zurück. Dann aber wandte er sich noch einmal um, und nun erkannte er einen Schwarm jener Frauen, die in den Winternächten auf den einsamen Höhen des Gebirges dem Gotte Dionysos umherschweifend huldigten, und sah diese Frauen über die Fremde herfallen und sie fortschleppen in blutrünstiger Gier. Und weil all dieses seinen einfachen Sinn sonderbar bewegte, erzählte er drinnen am Feuer dem Bruder und dem alten Hirten davon und beschrieb ihnen auch Gesicht und Gestalt der flüchtigen Frau. Dabei erinnerte sich der Alte jenes längst vergangenen Tages, an dem eine Fremde von großer Schönheit schutzsuchend bei ihm eingekehrt war, und es überkam ihn eine seltsame Gewißheit, es sei an diesem Abend die Mutter der Knaben zurückgekehrt und von der Schwelle gewiesen worden von ihrem eigenen Sohn. Hastig erzählte er den Jünglingen die Geschichte ihrer Herkunft, und als die beiden aufsprangen in Schrecken und Empörung, folgte er ihnen hinaus in die eisige Nacht, wo der Schein der Fackeln in großer Ferne über die Bäume hinhuschte wie ein gespenstisches Licht.

Stürmisch war, vom Stachel des Zornes getrieben, der Schritt der Jünglinge, aber der Alte kam in Schnee und Eis nur mühsam voran, und erst im Grauen des Morgens erreichten die Verfolger die bacchantischen Frauen, die mit efeubekränztem Thyrsos trunkenerschöpft ihres Weges zogen. Die Anführerin der Schar war Dirke, die, wie allwinterlich im Gebirge schweifend, durch eine seltsame Fügung ihrer Feindin habhaft geworden war und diese nun gebunden hinter sich herschleppte wie das Opfertier ihres grausamen Kults.

Aber es bedurfte nicht des Anblicks ihrer Fesseln, daß Amphion und Zethos die Mutter erkannten. Ihre Züge waren gezeichnet mit dem Ausdruck unendlichen Leides und jener sanften Verwunderung, welchen die Schönen, einstmals an Hoffnungen Reichen nie verlieren. In einem einzigen Augenblick erwachten in den Herzen der Jünglinge Liebe und Haß, und wie sie nun, wilden Tieren ähnlich, einbrachen in die taumelnde Schar, erschien ihnen die Mutter als ein Wesen höherer Art, die schwärmenden Frauen aber dünkten ihnen entmenschten Megären gleich. So folgte auf die Befreiung der Mutter jene furchtbare Rache, die uns in Wort und Bildwerk in erschütternder Lebendigkeit überliefert ist: Die Peinigerin Dirke wurde von Amphion und Zethos an die Hörner eines jungen, zu unbändiger Wut gereizten Stieres gebunden und von dem davonstürmenden Tier zu Tode geschleift.

Bedeutete diese grausame Strafe an der Feindin der Mutter ein erstes leidenschaftliches Aufbegehren der Jünglinge, einen ersten zornigen Angriff auf die finsteren Mächte der Welt, so folgte dem Racheakt bald eine Tat der Reife, bei welcher das wunderbare Zusammenwirken der gegensätzlichen Kräfte in strahlendem Licht erscheint. Amphion und Zethos, mit der Mutter nach Theben zurückgekehrt, entrissen dem Oheim das mütterliche Erbe, und wie die Sage erzählt, unternahmen sie es sogleich, allein, ohne alle Hilfe die Mauern der Stadt Theben zu bauen.

Bei dieser Arbeit war es Zethos, der die Felsblöcke herbeitrug. Ein Riese an Gestalt, packte er sie mit seinen ungeschlachten Händen und riß sie aus dem Gebirge, er stemmte die nackte Brust gegen ihre rauhen Wände und wälzte sie durch das Tal, einen nach dem andern, in einer Mühsal sondergleichen.

Unterdessen saß Amphion im Schatten eines Olivenhains, stimmte seine Leier und ließ seine Blicke langsam über den Hügel gleiten, der die Stadt Theben trug. Immer wieder trottete Zethos an dem scheinbar Müßigen vorüber, seine Stirne triefte von Schweiß, seine Augen waren trüb und blind von der stechenden Sonne, und seine Glieder schmerzten. Aber von dem verbissenen Ärger, der Kain bei dem Anblick seines flötespielenden Bruders erfüllte, war in ihm nichts, nicht der Schatten eines Vorwurfs erhob sich in ihm, nicht ein Funke des Zorns. Als er fertig war, setzte er sich hin und begann zu essen und zu trinken. Nun aber erhob sich der andere und verrichtete seinen Teil an dem gemeinsamen Werk.

Amphion legte die Hand auf die Saiten seiner Leier und spielte, und wie die Sage erzählt, tat er es mit einer solchen Macht, daß die Felsblöcke, die in rohen Haufen umherlagen, von selbst ihre Stellung veränderten und sich in die Ordnung einer gewaltigen wehrhaften Mauer fügten.

Was immer sich hinter dem Mythos vom Spiel Amphions an anderer Tätigkeit, an Kenntnissen der Baukunst und der

Mathematik verbirgt, die Wirkung des Geistes auf den Stoff kann nicht schöner und einfacher ausgedrückt werden als in dem Bilde der leise sich bewegenden und zurechtrückenden gewaltigen Steinmassen. Wie der Strich des Geigenbogens, der die auf einer Platte wirr gehäuften Metallspäne in die Ordnung wunderbar symmetrischer Arabesken zwingt, fügte sich der rohe Stoff einem ordnenden, die Notwendigkeiten und Möglichkeiten überschauenden und beherrschenden Willen. Amphion war der Träger und Beherrscher dieses Willens, nach dessen Gesetzen sich die Sterne bewegen. Mit der Macht der Musik, deren Töne in denselben geheimnisvollen Zahlenreihen schwingen, beschwor er die chaotische Welt. Und wenn auch seine Hände rein und seine schönen Gewänder unversehrt blieben, so war doch seine Aufgabe nicht leichter als die des Bruders. Denn sicher war es so, daß die Steine sich nicht ohne weiteres fügten, daß sie träge lasteten und sich sperrten und wehrten. Amphion mußte all seine Kraft, all seinen Glauben an die Macht des Geistes aufbieten, um mit ihnen zu ringen, und als er das Werk vollendet hatte, zitterte er an allen Gliedern, und seine Augen blickten wild und verstört. Zu Tode erschöpft sank er neben dem schlafenden Bruder nieder und versuchte vergeblich Ruhe zu finden. Und nun hätte er den andern hassen können um seiner tierhaften Ruhe, seines gesunden Schlafes willen. Aber er liebte ihn wie zuvor.

In solcher liebenden Durchdringung von Geist und Kraft, welcher alle hohen Werke entstammen, offenbart sich der Sinn der Leiden Antiopens und das Wunder der göttlichen Geburt. Mit dem Nimbus der Göttlichkeit umkleidet war auch das fernere Leben der Helden, die eine starke und weise Herrschaft führten und überall helfend eingriffen, wo es ein Recht zu verteidigen, einen Schwachen zu schützen galt. Als dann die Zeit der Kriege vorüber und das friedliche Dasein der Untertanen, Wohlstand und Ruhe gesichert waren, hätten auch Amphion und Zethos lange Jahre die Ruhe genießen können. Wenngleich es jedoch geschieht, daß aus dem göttlichen Geist und der irdischen Schönheit des Leibes Wesen geboren werden, welche die Züge der Vollkommenheit tragen, so ist es doch solcher Vollkommenheit nur selten vergönnt, sich fortzupflanzen, und oft wird auf eine furchtbare Weise der Samen der Großen von der Erde vertilgt.

So geschah es Zethos, daß seine Gattin Aedon aus Neid auf die reiche Kinderzahl ihrer Schwägerin Niobe deren Ältesten erschlagen wollte und im Dunkeln den eigenen, einzigen Sohn mit dem tödlichen Streiche traf, um dann, von Zethos verfolgt und von Zeus in eine Nachtigall verwandelt, zurückzukehren in die große Natur. Und nicht besser erging es Amphion, der sieben Söhne und sieben Töchter gezeugt hatte und dem das helle und grausame Geschwisterpaar Apollon und Artemis zur Vergeltung für ein mütterlich stolzes Wort der Niobe erst ein Kind nach dem andern mit den tödlichen Pfeilen erschoß und zuletzt auch die Gattin nahm.

So waren die Brüder wie am Anfang, auch am Ende ihres Lebens miteinander allein. Und wenn wir auch weder von ihren ferneren Taten noch von ihrem Tode wissen, so mag es doch sein, daß ihr Bild, wie das des Kastor und Pollux, noch lange lebendig war in den Herzen der Menschen, daß auch sie über die nächtlichen Schlachtfelder dahinstürmten auf weißen Rossen und daß hoch über den Masten der in Seenot kämpfenden Schiffe ihr helles Feuer als ein Wahrzeichen der Rettung erschien.

Niobe

Ein in der öden Berglandschaft Lydiens am hohen Hang starrender Fels, gestaltet wie eine große, von furchtbarer Schwermut gebeugte Gestalt mit einem von rinnendem Wasser wie von Tränen überglitzerten Gesicht, – ein Schrecken, der umgeht an den Kreuzwegen, eine finstere feindliche Macht, die das wachsende Korn verdirbt und den blühenden Kindern das Lächeln von den Lippen stiehlt: das ist Niobe, die Tochter aus des Tantalos Haus. Ihre Geschichte beginnt am Fuß der lydischen Berge und endet auf ihren felsigen Höhen. Zwischen den Tagen ihrer Kindheit und ihrer mythischen Entrückung und Bannung in den Stein, zwischen Abschied und Wiederkehr lag ein Leben, das voll war von strahlendem Glück und tödlichem Schmerz.

Frühzeitig schon wurde die asiatische Königstochter, blühend und schön herangewachsen, einem Könige vermählt. Ihre neue Heimat lag im Herzen des griechischen Festlandes, es war die Stadt Theben, von Kadmos gegründet, von den ehernen Spartoi erbaut. Zwischen den Kämpfen um Besitz und Macht und den blutigen und schrecklichen Geschehnissen, welche die Geschichte Thebens und seiner Herrscher bestimmen, liegen die ersten Jahrzehnte von Niobes Ehe und Mutterschaft wie eine Insel des Friedens und des Glücks. Amphion, der Gemahl, hatte, zusammen mit seinem rauhen Bruder Zethos, der jungen Stadt wehrhafte Mauern errichtet, und in solcher Sicherung waren die Bewohner bald zu ruhigem Wohlstande gelangt. Gleich der Erde selbst, die, umfriedet und abgegrenzt gegen das Chaos einer noch nicht zur Ruhe gekommenen wilden Natur, wunderbare Blüten und nahrhafte Früchte hervorbrachte, blühte auch Niobe, die Barbarin, auf in dem Lichte eines sicheren und glücklichen Geschicks. Ihr Leib entfaltete sich zu der vollen Schönheit königlicher Würde, ihr Schoß ward fruchtbar, ihre Brust reich an nährender Milch. Bald wuchsen Söhne und Töchter in großer Zahl an ihrer Seite heran, und während die ältesten Söhne sich schon im Waffenspiel übten, die älteren Töchter schon am Brautschatz spannen und woben, regte sich ihr unter dem Herzen immer neues Leben, trat ans Licht und trank sich an dem Quell ihrer Zärtlichkeit satt. Reich und unerschöpflich wie der Segen solcher Fruchtbarkeit, der ihr den Glanz einer ewig erneuten Jugend verlieh, war der Reichtum ihres Hauses, die Fülle an lebendem und totem Besitz. Gleich einer jener Herrscherinnen der Odyssee, die, unablässig tätig, ihr Hauswesen verwalten, stand die Königin Niobe in innigster Verbindung mit den ihrem Schutze anvertrauten Wesen, Menschen, Tieren und Dingen. Unter ihrer Aufsicht wurde geschlachtet und gebacken, gewaschen und geglättet, genäht und gewebt. Alle diese Tätigkeiten gehörten zu Niobe, wie sie zu ihnen gehörte, sie waren eine Erweiterung ihres Wesens, ein Besitz wie Rinder und Schafe, Häuser, Felder und Wald. Solchen, das eigene Wesen erhöhenden Besitz sicherte Amphion, dessen Jugendgestalt die Sage zeichnet als die eines sanften Träumers, der Musik verfallen, den Gesetzen der Zahlen vertraut. In Niobes Geschichte ist Amphion nichts anderes als der Mann schlechthin, der starke Arm, die unerschöpfliche Zeugungskraft, der sichere Schutz. Den Kindern aber gehörte alle Liebe des mütterlichen Herzens. In ihnen leibte und lebte Niobe, und wie die Erde in ihren blühenden Bäumen die Süße des Frühlingswindes, das Summen der Bienen und die ganze Seligkeit wolkenleichten Blühens erfährt, so erlebte sie immer aufs neue alle Stufen kindlichen Wachsens und Gedeihens, und es war ihr jedes Lebensalter so nah, wie dem Einsamen nur das eigene ist. Die Schönheit der Kinder, ihre reichen Gaben, ihr lebendiger Anspruch, der die Mutter immer aufs neue ihres

Wertes versicherte, nährten Niobes Glück. Und wie sich die Herzen der Thebaner der Königin willig beugten, schienen auch die Dinge im Hause von dem geheimen Wunsche beseelt, unter ihren Händen aufzublühen und sich geordnet einzufügen in die geordnete Welt.

Auf solche Weise teilhaftig eines immer größeren Glückes und einer immer wachsenden Macht über Menschen und Dinge, erreichte Niobe den Scheitelpunkt ihrer strahlenden Bahn. Um diese Zeit der Lebensmitte hörte sie auf, den Göttern zu danken für die Fülle des Glücks. Denn je länger dieses dauerte, je mehr es sich bewährte, desto mehr schrieb Niobe das Verdienst solcher Bewährung sich selber zu. Ihre Hände, den Kranken aufgelegt, bewiesen heilende Kräfte, in ihrer Nähe wurden Unfruchtbare schwanger, trieben verkümmernde Pflanzen neuen Sproß. Oft schien es ihr, als sei ihr eigenes liebespendendes und liebeempfangendes Herz der Kraftquell allen blühenden Lebens um sie her. Manches Mal sah sie in ihren Träumen sich selbst riesengroß, in goldene Gewänder gekleidet und der Demeter gleich über die dunkle Erde hingehen und das Leben erwecken. Die Flüsse rauschten, die Quellen sprangen, und zahllose Blumen hoben sich blühend aus den Wiesen empor. Aus solchen Träumen wurde Niobe von dem Lachen ihrer Kinder, den hellen, fröhlichen Geräuschen des tätigen Hauses geweckt. Sie erhob sich und ihr strahlendes Lächeln ging auf wie eine Sonne des Glücks.

Nach ebensolcher Traumnacht das Tagwerk beginnend, erfuhr Niobe jedoch eines Morgens eine Auflehnung, die sie mit Erstaunen hinnahm und die ihr bedeutsam erschien als ein plötzliches Nachlassen ihrer Macht. Statt nämlich die ihm aufgetragenen Arbeiten zu verrichten, hatte sich das Gesinde, einer umherziehenden Seherin folgend, daran gemacht, Kränze zu winden und mit Wollbinden und allerlei Blumen und Kräuterspenden einen Altar zu bekränzen, der eilig aufgerichtet der Göttin Latona und ihren Kindern galt. Schon drängten sich um die Opferstätte die thebanischen Frauen, und ein Leichtes wäre es nun für Niobe gewesen, sich an die Spitze der Feiernden zu setzen und mit Heiterkeit und Würde dem Gottesdienst Genüge zu tun. Doch fand sie sich zu ihrer eigenen Verwunderung dazu nicht imstande. Die Geschäftigkeit der Mägde galt ihr mit einemmal als eine ihrem eigenen Dienste gestohlene Zeit, und die inbrünstige Frömmigkeit der Betenden rief in ihr nichts anderes als Hohn und Verachtung hervor. Und in einer jähen Aufwallung der trotzigen Wildheit ihres Geschlechtes verbot sie den Frauen, die Latona zu verehren, die ihr in diesem Augenblick als eine hassenswerte und zugleich jammervolle Nebenbuhlerin erschien.

Im sechsten Buch der Ovidschen Verwandlungen wird die Szene beschworen, die einem Machtstreit zweier Königinnen, einem furchtbaren Zwiegespräch eifersüchtiger Mächte gleicht. Unsichtbar und stumm, jenseits der Wolken am Tisch der Götter thronend, neigt sich die Mutter Apollons lauschend zur Erde nieder, mit der Begierde und dem Mißtrauen aller Himmlischen verfolgt sie das Opfer, dessen Düfte und Klänge dem Götterleben mehr noch als Nektar und Ambrosia die ewige Dauer verleihen. Niobe aber ist gegenwärtig wie das irdische Leben selbst. Im reichen gestickten Gewande, von Gold und glitzerndem Schmuck bedeckt, das schöne Gesicht von üppiger Lockenflut umwallt, steht sie im Kreis der Frauen und streckt die Hand aus, um den Altar der Latona zu stürzen für jetzt und alle kommende Zeit. Ihre Wangen sind vom Zorn gerötet, in ihrer Erregung vergißt sie alle Würde, schilt und schreit. Die Frauen flüstern ängstlich, mahnen und warnen, aber Niobe will nicht hören, nichts zurücknehmen vom entflohenen Wort. Etwas ist erwacht in ihr, das lange geschlafen hatte, eine Wildheit, die braust und tobt wie der Wind auf den kahlen kleinasiatischen Höhen, ein Zornesmut, wie ihn der Vater Tantalos, der Götterverächter besaß. Und wie jener sich den Göttern gegenüberstellte, so beginnt nun auch Niobe sich zu messen mit der göttlichen Latona und für sich selbst als einer Enkelin des Zeus die Ehren zu fordern, die jener gebühren, Altäre, Weihrauch und Kult.

Denn wer ist diese Latona, daß sie vor Niobe selbst Anspruch erheben könnte auf feierliche Verehrung, Spende und Gebet? Eine Tochter luftig-chaotischer Himmelserscheinungen ist sie, unstet und unfest wie alles, was sich zwischen den wandernden Wolken vollzieht. Eine einzige Nacht, eine Stunde vielleicht nur hat sie der Liebe genossen und ist dann verlassen worden für alle Zeit. Wenig hat es ihr genützt, daß der Liebende ein Gott war, daß es Zeus selber war. Denn kaum, daß ihr die Frucht im Schoß wuchs, begann auch die Verfolgung, das Umhergetriebenwerden von Heras unversöhnlichem Haß. Rechtlos und heimatlos irrend, eine Bettlerin in Lumpen, in seltsamen Verkleidungen und Verwandlungen, ja in Wolfsgestalt, zog die Schwangere durch die Länder, die Prophezeiung einer unerhörten und verhängnisvollen Geburt lief ihr voraus, so daß ihr niemand zu helfen wagte, kein Land ihr Obdach zu gewähren sich erbot. Eine Insel, selbst unfest, schwankend umhergetrieben von der wechselnden Flut, ein elendes steiniges Eiland war es endlich, wo die Schweifende verweilte, die Kreißende in Schmerzen sich bog. Dort sollte sie gebären, nicht im sicheren Palast, von der Fülle des Eigenen umhegt, sondern draußen, auf steiniger Erde kläglich sich windend in neuntägigen Wehen, an den Stamm des einzigen Baumes, einer Palme, gelehnt. Eileithyia, die Hilfreiche, immer anwesend bei Niobes Niederkünften, hatte zu kommen verweigert und war von der Götterbotin erst durch Flehen und Versprechungen herbeizuschaffen gewesen. Und wenn auch mit ihrem Erscheinen die Ungnade ihr Ende gefunden hatte und der strahlende Apollon später die Mutter hinaufgenommen hatte in den Olymp, so war es doch bei dem einen Liebeserlebnis, bei der einen Zwillingsgeburt geblieben, und längst schon waren die Brüste, an denen Apollon und Artemis getrunken hatten, für immer versiegt. Kein irdisches Reich war der Latona untertan, als Gast, als Nebenfrau saß sie geduldet am Tisch ihrer Todfeindin und zehrte eifersüchtig von ihrer schönen Kinder Ruhm...

Dies ist Latonas Geschichte, mit Niobes Augen gesehen, von Niobes zornigem Mund den Frauen zugeschleudert, die auf das Geheiß der Königin den festlichen Aufbau ängstlich wegräumen, mit heimlichen Gebeten sich schützend gegen den göttlichen Zorn. Ungehindert geschah alles, und die Worte, welche die geschmähte Latona unsichtbar über den Wolken an ihre Kinder richtete, diese Worte der traurigen Empörung tönten nur wie ein ferner Donner auf die Erde herab. Aber während Niobe hochaufgereckt im stolzen Bewußtsein ihres Sieges zurückkehrte in den Palast, nahte schon in Wolken gehüllt das bogenbewaffnete Paar, nahm das Verhängnis seinen unaufhaltsamen Lauf.

Knaben- und Mädchenkörper, aufrecht vom Pfeil getroffen, ins Knie gestürzt, zu Boden gestreckt, zeugen die der Nachwelt erhaltenen marmornen Bilder der unglücklichen Niobiden von dem verzweifelten Kampf des jungen Lebens gegen den hoffnungvernichtenden Tod. Wie die Sage erzählt, war es Apollon, der zuerst seine Pfeile verschoß, er richtete sie auf die Söhne der Niobe, die auf freiem Feld vor der Stadt ihre Rosse übten, im Speerwurf wetteiferten und einander im Ringkampf umschlangen. An den Leichnamen der Brüder klagend, wurden dann die Mädchen von Artemis zum Ziel genommen und sanken eines um das andere hin. Ovid beschreibt genau jeden einzelnen Tod, das unvermutete Fortgerafftwerden wie die vergebliche Flucht und das unbeschreibliche Entsetzen, mit dem der Letzte der Knaben in die Knie sinkt und um Erbarmen fleht. Dennoch erscheint gerade hier das einzelne Schicksal minder wesentlich und von dem Grauen des Massensterbens überdeckt. Denn fruchtbar wie die Erde war Niobe, und der Tod ihrer Kinder glich einer jener Katastrophen, von denen im Laufe der Zeiten immer wieder das Junge und Blühende der Kreatur in der

Knospe vernichtet wird: Sintflut und Hagelschlag, Dürre und Frost, Seuche und Krieg. Und in ihrem Schmerze glich Niobe der Erde, die zurückbleibt, verwüstet und leer. Herbeigeeilt zum Richtplatz der Söhne, begehrte sie noch einmal auf, wies trotzig auf die Schar der Töchter hin, die ihr noch geblieben war vom reicheren Besitz. Als auch diese bedroht wurden, versuchte sie noch die letzten zu retten, die kleinsten zu bergen unter ihrem eigenen Gewand. Aber nun war auf einmal alles dahin, der Segen der Hände, die Gnade der Götter und des eigenen Herzens schützende Kraft. Nichts vermochte Niobe nun aus sich, nichts bedeutete die Gewaltige der Erde gegen die finsteren Gebote einer himmlischen Macht. Diese Erkenntnis beugte der Stolzen das Knie, sie warf sich nieder und flehte zu der verhaßten Göttin um Gnade für das letzte kleine Leben, das sich angstvoll an sie schmiegte und dessen Herz sie klopfen hörte, als trüge sie es ungeboren im eigenen Leib.

Ob Latona, die Gekränkte, den demütigen Worten der Niobe zugänglich gewesen wäre, wissen wir nicht. Längst war ihr die Entscheidung aus der Hand genommen, ihr Wort hatte eine mächtigere Vergeltung entfesselt, die nun unaufhaltsam weiter wirkte und in der kein Raum mehr blieb für eine letzte Gnade und Erhörung des Gebets. Nun waren Apollon und Artemis am Werk, und von den Pfeilen des licht- und todspendenden Geschwisterpaares blieb nicht einer im Köcher zurück.

Oft haben im Mythos der Antike Menschen und Halbgötter den Göttern Trotz geboten, haben, selbst reich an Gaben und strahlender Lebenskraft, den unsichtbaren Mächten Dank und Hingabe verwehrt. Niemals ist solche Überhebung grausamer geahndet worden, als es der Niobe geschah. Denn nicht sie selbst, sondern die Unschuldigen traf das Gericht, und nicht an ihrer eigenen Person, sondern in der zukunftgewährenden Fülle des jungen Lebens wurde ihre Hybris gestraft. Niobe geschah nichts, unversehrt kniete sie zwischen den Leichnamen, während sich das Gewitter des göttlichen Zornes langsam verzog. Aber nun erwies es sich, daß eine Mutter in den Herzen ihrer Kinder unfehlbarer und weit schrecklicher als im eigenen getroffen werden kann. Als sei ihre eigene Kraft längst schon hinübergeströmt in das jüngere Sein, wurde Niobe mit jedem Augenblick stiller und blieb endlich in völliger Reglosigkeit zurück. In ihrer furchtbaren Vereinsamung glich sie einem Baum, der, seiner Zweige und Äste beraubt, abstirbt und der in der blühenden Wildnis des Waldes noch lange dürr, wie ein Mahnmal des Todes steht. Dieses Absterben vollzog sich sehr langsam, Glied um Glied und Sinn um Sinn. Wohin sollten die Füße sie tragen, wofür die Hände sich rühren, da die Kinder hier tot lagen und keines ihres Wirkens mehr bedurfte? Ihre Augen würden, ob sie gleich ihre Blicke wandern ließe über Täler und Höhen, nie etwas anderes gewahren als dieses Grauen, ihr Mund sich nicht anders mehr öffnen als zu Anklage und Haß. So versteinerten Augen und Mund, und mit dem unnützen Atem stockte alles Leben des Leibes, den nur ein unablässiges Weinen noch bewegte.

Niobe, die Blühende, Fruchttragende, Erdgleiche, wurde zu Stein. Aber nicht hier, auf dem thebanischen Felde blieb sie erstarrt zurück. Als müßten die neuen Geschlechter zu Leben und Wirken bestimmten böotischen Fluren geschützt werden vor dem Haß der Verbitterten, der wachstumsfeindlichen Macht der Lebendig-Toten, erhoben sich die Naturgewalten, und während noch die Tränen als ein letztes Zeichen des Lebens Niobe über das Antlitz rannen, wurde sie aufgehoben und von der Kraft eines gewaltigen Wirbelsturmes fortgetragen, ostwärts, meerüber, in das heimatliche Land.

Dort an dem steilen Hange des Sipylos haben Wanderer späterer Zeiten sie geschaut als eine große, von furchtbarer Schwermut gezeichnete Gestalt, sie gefürchtet wie eine finstere feindliche Macht. Dort aber wird auch Kybele verehrt, die Göttin des Lebens, die große Mutter, die immer neues Leben hervorbringt und immer aufs neue die Vernichtung dieses Lebens beweint, und mit ihrem Bilde mag das der unglücklichen Niobe, der Tochter des Titanen, allmählich verschmolzen sein.

Die Reise nach Kreta

Aus der Werkstatt des Töpfers und Malers Euphronios, der zu Beginn des fünften Jahrhunderts vor Christus in Attika lebte, stammt eine rotfigurige Schale von großer Schönheit. Der feine Ton des flachen, edeln Gefäßes ist mit schwarzem, glänzendem Firnis bedeckt, ein Palmettenmuster läuft am äußeren Rand entlang, ein Mäanderband schließt die Bilddarstellung des Schalengrundes ein. Drei Gestalten, zwei weiblich-prächtige und eine knabenhaft-zarte, bilden, von Delphinen umspielt, eine anmutige Gruppe. Die Rückseite zeigt denselben zarten Jüngling im Kampf mit wilden, bärtigen Männern, mit einem mächtigen Stier. Es sind die Reiseabenteuer des jungen Theseus, die dort erzählt werden. Die Darstellung der Innenseite gilt dem Besuch des Theseus bei der Meeresgöttin Amphitrite, und auch dieser Besuch ist ein Reiseabenteuer, wenngleich eines von zarterer und bedeutsamerer Art.

Suchen wir uns der Sage zu erinnern, so finden wir in dem Schicksal des jungen Theseus die Unruhe eines antiken Heldenlebens frühe lebendig. Beim Großvater Pittheus, der Mutter Aithra in Troezen aufwachsend, wußte der Knabe bald, daß dort seines Bleibens nicht sein sollte. Er hörte von seinem Vater Aigeus, dem König von Athen, der ihn sich zur Nachfolge bestimmt und Schwert und Schild für ihn zurückgelassen hatte. Vor diesen Waffen lag ein schwerer Stein, ein Prüfstein für die Kraft des Heranwachsenden. Als Theseus in die Jahre kam, fand er es nicht schwer, ihn fortzuwälzen. Unverzüglich machte er sich auf die Reise nach Athen.

Der Gedanke an den König Aigeus war aber zu dieser Zeit

nicht der einzige, der sein Herz bewegte. Eines Tages war Herakles nach Troezen gekommen, und von allen Kindern des Hofes war es nur Theseus gewesen, der nicht vor der schrecklichen Löwenhaut entfloh. Der Held verweilte nicht, aber wie ein Schiff auf dem Meere noch lange Zeit seine Spur hinterläßt, blieb seine Erscheinung in dem jungen Theseus lange lebendig. Seine Träume waren voll von Abenteuern, die den Taten des Herakles glichen, in eifersüchtiger Begierde lauschte er jeder neuen Kunde seines Ruhms. Eines andern Tages hatte Aithra dem Knaben ein seltsames Geheimnis entdeckt. Die Nacht, in der Aigeus sich ihr vermählt hatte, war eine Gewitternacht gewesen, in der das Wasser von den Bergen gestürzt war und die Schläge des Donners die Erde erschüttert hatten. Aithra, angelockt von dem blendenden Schauspiel der Blitze, hatte den schlafenden Gatten verlassen und sich draußen sogleich umarmt gefühlt von der brausenden Macht des Elements. Kein anderer als Poseidon selbst, der Schützer der Stadt, konnte es gewesen sein, der sich ihr genaht hatte. Von ihm war der Knabe Theseus erzeugt worden, wie Herakles war er eines Unsterblichen Sohn.

Dieses Geständnis, das den Knaben sehr bewegte, hatte zur Folge, daß er auf dem Wege nach Athen zwar seinen Vater Aigeus, aber doch auch schon einen andern suchte, dessen Steine nicht so leicht aus dem Wege zu räumen waren und der Größeres von ihm erwartete. Er hatte kein Pfand zurückgelassen, und das leidenschaftliche Erglühen der Mutter war die einzige Bürgschaft für die Wahrheit ihrer Worte. Bald aber glaubte der Knabe seine Hand zu spüren.

Es begann auf dem Isthmos, wo die Fichten so schauerlich rauschen, und setzte sich auf den kahlen, scharfen Klippen von Megara fort. Wegelagerer waren dort, finstere Gesellen, die keinen Wanderer vorbeiließen, der Fichtenbeuger, der plumpe Skiron, der sich von den Vorüberkommenden die Füße waschen ließ und sie dabei ins Meer stieß, Kerkyon, der sie im

Ringen überwand, Prokrustes, der sie in sein Folterbett preßte. Theseus konnte sich an Körperkräften nicht mit ihnen messen, er überwand die Tölpischen, indem er sich ihrer eigenen Waffen und Kunstgriffe bediente. In all diesen Kämpfen, die auf der Rückseite der Euphroniosschale dargestellt sind, siegte er allein durch die List.

In Athen angelangt, fand er noch keine Ruhe. Die Zauberin Medea erkannte ihn früher als der Vater und schickte ihn aus, den Marathonischen Stier zu erlegen. Theseus fing das Untier mit Wurfseil und Schlingen und brachte es nach Athen. Als ihn der Vater nun endlich an seinem Schwerte erkannte und vor der Rachsucht Medeas beschützte, war er der Gefeierte, der junge Königssohn und Held. Aber zu dieser Zeit war Aigeus schon umdüstert von der Wiederkehr eines Ereignisses, an dem er sich nicht unschuldig fühlte. Neun Jahre waren vorübergegangen, und der dritte athenische Kindertribut war fällig.

Diesem traurigen Zug, der zur Sühne für den Tod des Minossohnes sieben Knaben und sieben Mädchen nach Kreta entführte, schloß sich Theseus freiwillig an. Er war lüstern nach Abenteuern und Ruhm, er hatte Mitleid mit seinem Vater Aigeus, den er doch vielleicht zugunsten jenes andern, der sich noch immer verborgen hielt, ein wenig verachtete. Niemand wußte genau, was die Geopferten in Kreta erwartete; wie es hieß, sollten sie in der tiefen Dunkelheit eines Labyrinthes einem wilden Tiermenschen überlassen werden. Wer dieses Ungetüm tötete, befreite Athen von einem immer wiederkehrenden Schrecken. Prahlerisch verkündete Theseus, ihm werde die Tat gelingen.

Minos selbst war gekommen, die Kinder abzuholen, und Theseus machte die Reise gemeinsam mit den Knaben und Mädchen, die vor Angst und banger Erwartung nicht schlafen und nicht essen mochten. Eines Abends fand er das schönste, leichtfüßigste Mädchen, Eriboia, von dem alternden Minos zärtlich bedrängt. Er warf sich zu ihrem Beschützer auf und kam darüber mit dem König in Streit. Dabei rühmte sich Minos seiner göttlichen Herkunft und warf dem Theseus dessen bescheidenere Abstammung vor. Er reckte den Arm gen Himmel, und schon fuhr ein Blitz nieder, eine grelle Antwort, ein Zeichen seines Vaters Zeus. Als Theseus nun, zum erstenmal, den göttlichen Poseidon seinen Vater nannte, stieg kein Zeichen aus der Tiefe der Flut, und Minos, dem der schöne Knabe den Verlust des eigenen Sohnes ins Gedächtnis zurückrief, lachte und verhöhnte ihn auf grausame Art.

Bis in die Nacht hinein zog sich der Streit. Theseus ging endlich fort, trat auf die andere Seite des großen Segels und starrte traurig in die Wellen. Er zweifelte an den Worten der Mutter, an seiner heldenhaften Zukunft, an der Unsterblichkeit, die er sich erträumt hatte. Da schien die Flut plötzlich geheimnisvoll zu rauschen und zu klingen, in der Tiefe sah er es funkeln wie von einer versunkenen Stadt. In jäher Freude schwang er sich über die Brüstung und sprang ins Meer.

Wie sich dort die Begegnung mit dem Vater abspielte, ist von den Nacherzählern der alten Sage oft und auf mannigfache Weise geschildert worden. Auf einem Wandbild im sogenannten Theseustempel in Athen war der Vorgang dargestellt, attische Vasenmaler haben das Motiv übernommen und abgewandelt. Die alten Autoren sprechen von einem feenhaften Palast am Grunde des Meeres, von Tänzen der Nereiden und Tritonen, die zu Ehren des Ankömmlings aufgeführt wurden; das Tempelbild des Mikon zeigte Poseidon selbst, der, begleitet von seiner Gattin, umgeben von einem reichen Gefolge, den Sohn begrüßt. Auf der Euphroniosschale schließt sich das Mäanderband eng um die kleine Gruppe, von Palästen und Meeresgärten ist nichts zu erblicken, und nur die tanzenden Delphine bestimmen den Ort. Statt Poseidon empfängt Amphitrite den Jüngling, dem sich Athena beigesellt hat.

Wir finden ihn auf dem Meeresgrunde angelangt. Nicht in angstvoll atemraubendem Sturz, in sanftem Schweben ist er hinabgesunken. Noch liegen ihm die Locken schön geordnet um Nacken und Stirn, kaum daß sich das kurze, durchsichtig-leichte Gewand ein wenig bauscht im flutenden Wasser. Ein Triton hat seine Fahrt beschützt, noch hält der kleine bärtige Diener, dessen Schuppenkleid in einem Fischschwanz endigt, die Stirn und die geöffneten Handflächen stützend unter die Füße des Knaben.

In einer ungestümen und dennoch anmutigen Gebärde des Entzückens streckt Theseus die rechte Hand aus, hebt die Linke mit gespreizten Fingern von dem Griff seines kurzen Schwertes. Aus seinen Zügen spricht Erwartung und reinste Freude. Er lebt, er atmet, sanft und still wie die Luft der Heimat umfängt ihn das fremde Element, vor seinen Blicken tut sich alle Pracht der Meerestiefe auf. Der Vater, der Eigentliche, Ersehnte, ist nicht weit, bald wird er sich zeigen, schon läßt er den Sohn empfangen heißen, erlaubt ihm, die göttliche Amphitrite zu begrüßen. Die hält in ihrer Linken einen strahlenden Kranz, und so jung ist Theseus, daß es fast scheint, als wolle er in knabenhafter Gier nicht die Hand der Göttin, sondern das funkelnde Geschenk ergreifen.

Amphitrite sitzt auf einem reich verzierten Stuhl, der feine Stoff ihres Chitons ist eng gefaltet und brandet um ihre Füße wie das Wellenspiel eines flachen Strandes, gleich einer Muschel wölbt sich ihr der Mantel um Schulter und Haupt. Der junge Gast ist Poseidons Sohn, nicht der ihre, und die Göttinnen pflegten solchen Stiefkindern oft mit eifersüchtigem Haß zu begegnen. Die Begrüßung der Amphitrite aber ist bei aller Würde ihrer Haltung eine überaus freundliche. Sie reicht ihm die Hand, und diese Gebärde ist ein Spiegelbild jenes Entzükkens, das Theseus beseelt. Vielleicht, daß sie, die Nereidentochter, eine alte Sehnsucht nährt nach dem andern Reich, das dem Poseidon auch untertan, ihr aber ewig verwehrt ist, nach den süßen Quellen, der dunkeln Erde, dem meeresfernen Land. Nun kommt das Ersehnte zu ihr, kommt in der Gestalt eines schönen, vertrauensvollen Knaben. Sie muß ihn lieben, ihn empfangen wie einen eigenen Sohn.

Solche Liebe begleitet den Jüngling, überall erschließen sich ihm die Herzen der Götter wie die der Sterblichen. Athena hat sich zur Vermittlerin der Begegnung gemacht. Sie steht in der Mitte der Gruppe, nicht hehr und schrecklich als die alte Widersacherin des Poseidon, sondern mädchenhaft und sanft. Weich und rund hockt ihr die kleine Eule in der geöffneten Rechten, schlank wie ein Schäferstab liegt in ihrer Linken der Speer. Dunkle Locken quellen unter ihrem Helm hervor und fallen über die Aegis, die ein Gorgonenhaupt ziert und deren Zackenrand sie wie Spiel kleiner Schlangen umzüngelt. Mit der sanften Neigung ihres Hauptes, der Gebärde ihrer gekreuzten Arme empfiehlt sie der Meeresgöttin ihren Schützling, und es mag sein, daß sie ihr in diesem Augenblick sein kühnes Vorhaben schon verkündet. Denn nun kommt es zu einer bedeutsamen Wendung seines Schicksals.

Wie die Sage erzählt, schenkte Amphitrite dem Theseus den goldenen Kranz, dessen Glanz ihm die Finsternis des Labyrinthes erhellen sollte und der später als das Sternbild der Krone an den Himmel versetzt wurde. Theseus wurde wieder hinaufgetragen: noch ehe die Nacht zu Ende ging, stand er auf dem Schiff, und nun mag er den ängstlichen Kindern, dem ungläubigen Minos den Kranz hingehalten haben in triumphierender Freude. Aber es war ihm doch noch etwas gegeben worden, das länger währte und schwerer wog als solcher Triumph: die Gewißheit, daß ein Schicksal, das so ungewöhnlich begonnen hatte, auch als ein ungewöhnliches zu Ende gehen würde.

Theseus setzte seine Reise fort, aber nun war er nicht mehr der listige Knabe, als der er ausgezogen war, seinen Vater zu suchen. Als ein Mann erscheint er in Kreta, so kühn, so herrlich, daß Ariadne ihn lieben und ihm helfen muß. Der Kranz erleuchtet ihm die Nacht des Labyrinthes, und wie er den Minotaurus findet, überwindet er ihn ohne Waffe, ohne Schlinge, mit der Kraft des Mannes, wie Herakles selbst. Um seiner Träume willen, die die Träume eines Mannes sind, verläßt er Ariadne und kehrt mit den Geretteten in die Heimat zurück.

Auf dieser Heimfahrt mag ihn die Erinnerung an das Erlebnis auf dem Meeresgrunde, die Freude über seine göttliche Herkunft noch einmal überwältigt haben: er vergaß, an Stelle des schwarzen Segels das weiße zu hissen, das den glücklichen Ausgang der Fahrt verkünden sollte, und aus Gram stürzte sich der wartende Aigeus ins Meer. So stand am Ende dieser Reise eine Trauer und eine entscheidende Veränderung: Theseus trat die Königswürde an.

Marpessa

Die Geschichte der Marpessa, einer Tochter des Königs Euenos von Aetolien, beginnt mit einem Brautraub, einer jener gewaltsamen Entführungen, wie sie nicht selten sind im Umkreis der griechischen Sage und Kunst. Von dem Erzähler Apollodor erfahren wir, daß der Held Idas die Königstochter beim Tanz im Tempel der Artemis erblickte, daß er, von ihrer Schönheit begeistert, ihr auflauerte und sie nötigte, mit ihm zu entfliehen. Sein Wagen stand schon bereit, wie im Fluge trugen die Rosse, ein Geschenk des Meerbeherrschers Poseidon, das flüchtige Paar dahin. Indessen hatte Marpessas Vater Euenos das Verschwinden der Tochter bemerkt, hatte seine eigenen, nicht minder schnellen Rosse vor den Wagen geschirrt und sich angeschickt, die Entführte zurückzuholen und den frechen Räuber zu bestrafen. Der Vorsprung war nicht groß, mit dampfenden Nüstern und donnerndem Hufschlag rasten in geringer Entfernung die Gespanne dahin, über die Erde zuerst, durch die blühenden Landschaften, dann in den Wolken, wo die geflügelten Rosse sich ebenso sicher bewegten wie auf dem festen Grund. Die Verfolgung glich einer Wettfahrt, wie sie von den Helden gern geübt wurde, um die Schnelligkeit ihrer Rosse zu erproben in spielerischem Kampf. Doch zeigte sich bald die tiefere Bedeutung und der ganze furchtbare Ernst des Geschehens.

Als nämlich nach langer Fahrt der Abstand zwischen den Flüchtenden und dem Verfolger nicht abnahm, sondern wuchs, als Euenos kaum einen Schimmer mehr des goldenen Wagens gewahrte und als endlich seine Rosse, schweißbedeckt und zitternd, sich nicht mehr höher erhoben, nicht mehr weiter ausgriffen, sondern niedersanken und keuchend stehenblieben am Ufer eines reißenden Stroms, schien es Euenos, daß die Gunst der Götter sich dem jüngeren Manne zugeneigt hatte und ihn, den älteren, verstieß. Und als sei diese erste leise Warnung, dieser erste Hinweis auf den Wandel des immer weiter drängenden Seins schon der Todesstoß, der ihn zu den Schatten versetzte, ließ er die Zügel fallen und gab nicht nur die Verfolgung auf, sondern das Leben schlechthin. Ohne sich zu besinnen, tötete er zuerst seine Rosse und warf sich dann selbst in den Strom, der fortan seinen Namen trug.

Mit dem Tode des Vaters ist die Geschichte der Marpessa nicht zu Ende. Doch bildet dieser erste Teil, Flucht und Verfolgung, ein Ganzes, dem noch manche andere Sagen zur Seite zu stellen sind. So gleicht dem Schicksal der Marpessa vor allen das der Hippodameia, welche der Held Pelops ihrem Vater entführt. Und es erscheint in jedem Mythos, dessen Gestalten der Meister des Giebels von Olympia zu unsterblichem Leben erhob, die einfache Sage breit ausgesponnen und zugleich verfeinert und vertieft.

Denn auch Oinomaos, der König von Pisa, ist einer jener eifersüchtig liebenden Väter, denen der künftige Gatte der Tochter nichts anderes bedeutet als ein Räuber und ein Feind. Auch er wehrt sich gegen die gewaltsame Loslösung eines Geschöpfes, das ihm selbst das Leben verdankt und das keinen andern Mann lieben, von keinem andern geliebt werden soll. Um das schon erwachsene Mädchen festzuhalten, es an sein Haus, an seine Person zu fesseln, gebraucht er alle Mittel seiner Macht. Dazu bewegt ihn neben der Eifersucht des Liebenden ein Gefühl von tieferer und unheimlicherer Art. Mehr als den Nebenbuhler haßt er in dem Freier den Erzeuger des künftigen Geschlechtes, das aufblühen und stark werden wird zu einer Zeit, da er selbst schon, rechtlos und machtlos, unter den Schatten weilt.

Lebt Oinomaos wie Euenos in der Furcht vor der heranwachsenden, nach Macht drängenden Jugend, so erscheint die Tochter, wie Marpessa, als die Verbündete ihres Vaters, keusch und kalt. Den Bewerbern abhold, freut sie sich immer aufs neue ihrer geretteten Jungfernschaft, weidet sich an der Zahl der Opfer, an dem immer wachsenden Strom von Blut und Tränen, der um ihretwillen fließt. Ihr auch tritt eines Tages einer in den Weg, der von weither kommt und demgegenüber alles Vergangene seine Gültigkeit verliert. Und auch sie bereitet endlich dem ehemals so geliebten Vater die Niederlage, welche bedeutet: Ende der Macht, Götterdämmerung, leiblichen Tod.

Wie Euenos besitzt auch Oinomaos ein Paar jener Urrosse, denen noch etwas anhaftet von der Wildheit des Elements. Er hat einen Wagenlenker, der ein Sohn des Hermes ist und der alle Vorzüge des von Ares geschenkten Gespannes so geschickt zu nützen weiß, daß das Gefährt schneller hinbraust als der Wind. Als Hippodameia herangewachsen ist, melden sich dreizehn Freier, einer nach dem andern, und einen nach dem andern läßt Oinomaos vorausfahren mit raschem Gespann und setzt ihnen die Tochter zur Seite, damit ihre Reize die Helden verwirren. Den scheinbar Fliehenden ist ein Vorsprung gewährt, die Zeitspanne des Opfers, das Oinomaos noch darbringt, ehe er dem Paare folgt. Doch dauert es nicht lang, bis die entführte Hippodameia hinter sich den Hufschlag seiner Rosse vernimmt. Bald taucht er auf, die Räder seines ehernen Wagens donnern im Hohlweg, näher und näher, bis er endlich die Fliehenden überholt und dabei den Freier, der sich nicht mehr umzuschauen wagt, mit der Lanze durchbohrt. Von den herrenlosen Pferden wird der Gestürzte zurückgeschleift, ehrfurchtslos wird er verscharrt, einem Tiere gleich. Hippodameia aber kehrt heim, stolz auf dem Wagen des Vaters thronend, froh seiner Unüberwindlichkeit, seines neuen Sieges.

Dreizehnmal hat sich der grausame Vorgang wiederholt, dreizehn abgeschlagene Köpfe bilden am Tempel des Poseidon eine schauerliche Zier. Als Pelops sich vorstellt, ist alles anders.

Er kommt von weither, vieles hat er schon erlebt und erduldet, Göttergnade und Götterzorn, Vernichtung und Wiedergeburt, und seine Siegeszuversicht ist so groß, daß Hippodameia ihm wohl zutrauen könnte, daß ihm der Brautraub gelingt. Denn vom ersten Augenblick seines Erscheinens an ist sie verwandelt, diesmal will sie besiegt werden, und so innig sie dem Vater verbunden war, zögert sie doch nicht, ihn zu verlassen und zu vergessen. Doch steht Oinomaos in ihrem Herzen noch immer als der Übermächtige, und mehr als auf die Siegeskraft des Geliebten vertraut sie auf ihre eigene Liebe und List. Bedenkenlos schmiedet sie den Plan, der ihr die Freiheit verspricht. Zur Ausführung dieses Planes bedarf sie einer helfenden Hand, und mit der blinden Grausamkeit, welche die Natur über die Liebenden verhängt, bedient sie sich des Wagenlenkers Myrtilos, der sich in geheimer Leidenschaft für sie verzehrt. Gegen das Versprechen einer Liebesstunde verrät dieser seinen Herrn, und die eisernen Nägel des Streitwagens werden durch wächserne ersetzt.

Zum vierzehnten Male besteigt ein Bewerber den Wagen und läßt seinen Pferden freien Lauf, sein Ziel ist der Poseidontempel am Isthmos, er hält Hippodameia im Arm. Alles vollzieht sich wie immer, nur daß Hippodameia des Erfolges ihrer List gewiß, die rasende Fahrt bald mäßigt, da hinter dem fliehenden Paar kein Hufschlag ertönt, keine Lanze schwirrend sich naht. Längst ist das Wachs der Nägel geschmolzen, haben sich die Räder gelöst. Oinomaos ist gestürzt, und gleich dem Vater der Marpessa gibt er sich selbst den Tod.

Ob Pelops sich des leichten Sieges schämt, erfahren wir nicht. Der Brautraub, die Abwendung der Tochter vom Elternhaus ist kein Unrecht, sondern ein natürliches Geschehen, und kein Flecken der Schuld fällt auf Hippodameia, weil sie den Vater verriet. Schwerer wiegt, daß sie Myrtilos mit falschen Versprechungen für sich gewann. Wer, selbst gefühllos, Liebe erweckt und begünstigt und fremde Leidenschaft zu eigenen Zwecken nützt, der muß eines Tages doch den Preis dafür zahlen, mit seiner eigenen Ruhe, mit dem Glück seiner Kinder. Und auch Hippodameia entgeht solcher Bestimmung nicht.

Denn Myrtilos, der in Pelops' Dienste getreten ist, wartet nur auf den Augenblick, in dem Hippodameia ihr Versprechen einlösen und ihm die Liebesstunde gewähren wird. Als während der Reise Pelops sich einmal entfernt, um der dürstenden Gattin Wasser zu holen, glaubt Myrtilos die Gelegenheit gekommen. Nun aber wird er von der Geliebten zurückgestoßen, von dem herbeieilenden Pelops ergriffen und ins Meer gestürzt. So erfüllt sich der Fluch des sterbenden Oinomaos, von des neuen Herren Hand sollte der ungetreue Diener erschlagen werden. Doch stößt auch Myrtilos nun, mit den tödlichen Wellen ringend, noch eine furchtbare Prophezeiung aus. Er verflucht Hippodameia und beschwört auf ihre Nachkommen ein grauenvolles Schicksal herab. Und während das siegreiche Paar, von den Zauberrossen schnell hinweggetragen, sich der strahlenden Gegenwart freut, liegt über seiner Zukunft ein tiefer Schatten des Verhängnisses und der Schuld.

Kehren wir nun zu der Erzählung Apollodors zurück, so finden wir, daß auch der Brautraub der Marpessa sich nicht ungestört vollzieht. Zwar ist hier nicht die Rede von einem Mißbrauch der Liebe, von Schuld und Fluch. Doch tritt den Fliehenden, noch ehe sie Messene, die Heimat des Idas, erreichen, einer in den Weg und fordert nichts Geringeres, als daß Marpessa den eben Erwählten verlasse und ihm selbst angehöre für alle Zeit. Der kühne Wegelagerer ist Apollon, strahlend und gebieterisch ragt seine hohe Gestalt vor den Erschrockenen auf, schon faßt er, des Widerspruches nicht gewohnt, nach Marpessas Hand. Aber nun geschieht das Unerhörte: Idas setzt sich zur Wehr. Er greift nach der Waffe, zwischen dem Sterblichen und dem Gotte entbrennt ein heftiger Kampf, und da es Idas gelingt, dem Strahlenden seinen Bogen zu rauben, glaubt er schon, Marpessa zum zweitenmal gewonnen zu haben. Da erbebt die Erde, es erhebt sich ein Sturm und in der plötzlichen Verdüsterung des grollenden Himmels kündigt sich so nachdrücklich die Nähe eines Höheren an, daß die Kämpfer die Waffen sinken lassen und verstummen. Die Stimme, die sie nun vernehmen, ist die des Göttervates selbst, der eine Niederlage der Götter nicht dulden darf und dennoch die Rechte der Sterblichen schützt. Er fordert die Beendigung des Kampfes und gewährt der Marpessa die freie Wahl zwischen dem Menschen und dem Gott.

Wie dann die Donnerwolke vorübergezogen, die Stimme verklungen ist, stehen die Helden noch immer regungslos, Marpessa aber wendet sich von dem einen zum andern, von der Qual der Entscheidung bewegt. Wohl ist Idas, der sie den Vater vergessen ließ, der Liebe wert. Um sie zu erringen, hat er Euenos' Zorn getrotzt, um sie nicht zu verlieren, sich nicht gescheut, die Hand gegen Apollon zu erheben, dessen tödlichen Pfeilen nicht einer entgeht. Dennoch kann er neben dem Strahlenden nicht ohne weiteres bestehen.

Erst jetzt bemerkt Marpessa, wie Idas' Glieder von der Anstrengung des Kampfes zittern und wie krank und glühend die Blicke sind, mit denen er sie an sich zu ziehen sucht. Vielleicht ahnt sie in diesem Augenblick, daß sie von ihm nichts anderes mehr erfahren wird, als was dieser Tag sie erkennen ließ: Manneslieb in Begierde und Sättigung, Mannestapferkeit in Gewinn und Verzicht. Vielleicht auch wird sie sich neben der ewigen Gleichförmigkeit des menschlichen Glückes auch seiner Endlichkeit bewußt. Denn so jung Idas ist, so braucht man doch nur seinen keuchenden Atem zu hören, seine in großer Müdigkeit zusammensinkenden Glieder zu sehen, um zu wissen, daß er eines Tages ein alter Mann sein wird, daß er sterben muß, wie alle, wie sie selbst. Über dem andern jedoch liegt der unbeschreibliche Glanz eines Lebens, dem kein Ende gesetzt ist, einer Jugend, die sich niemals wandelt und nie verzehrt.

Es mag sein, daß Marpessa in ihrer Erregung von den Worten

des Zeus nicht viel verstanden hat und daß ihr die Göttlichkeit des Wegelagerers nicht voll zum Bewußtsein kam. Dennoch spürt sie in Apollon eine Fremdheit von anderer und höherer Art. Sie ahnt, daß, wer in seinen Armen ruht, unaussprechlicher Freuden teilhaftig wird, daß, wem die Klänge seiner Leier bestimmt sind, das Undeutbare versteht. Von ihm hinweggeführt zu werden bedeutet einzugehen in ein Land des Sommers, der Schwalben und Cikaden, der Rosen und Nachtigallen und des ewigen Lichts. Und wen er zur Liebe erwählt, der ist schon hinausgehoben über alle Möglichkeiten des irdischen Glücks.

Von solcher Ahnung überkommen, will Marpessa sich schon für Apollon entscheiden, tut schon den ersten, zaghaften Schritt. In diesem Augenblick aber kehrt ihr der Gott sein Antlitz zu, und wie nun das helle Licht der Sonne zurückgekehrt ist, trifft sie zum erstenmal der volle Blick seiner riesigen Augen, in denen nicht Bitte steht, sondern Befehl, nicht Begierde, sondern ein Anspruch von höherer und erschreckenderer Art. Und nun begreift Marpessa, daß Apollon etwas von ihr erwartet, was sie niemals erfüllen kann, eine Vollkommenheit, der sie niemals genügt. Schon beginnt sie sich zu wehren wie die Nymphen, die er in den Wäldern verfolgt und die vor ihm flüchten und sich zitternd zurückverwandeln in Wesen der dumpfen Natur, wie die Sibyllen, die ihm untertan sind und doch nie völlig eingehen in das erbarmungslose Licht seiner geistigen Welt. Und je länger sie seinem Blicke begegnet, desto mehr verwandelt sich ihre Bereitschaft in Auflehnung, ihre Freude in Furcht. Wie vor dem Tode graut es ihr vor dem Lande, in das er sie führen will, vor den gewaltigen Tönen seiner Leier, vor seiner Liebe, die von der Menschenliebe so verschieden ist, wie der grelle Glanz der Mittagssonne von dem süßen, geheimnisvollen Mondlicht der Nacht. Noch hat sie seine Hand nicht ergriffen, noch kann sie zurück. Idas wartet ihrer, und in dem Maße, in dem das Grauen vor dem Gotte über sie Herr wird, wächst ihre Liebe zu dem sterblichen Mann.

Die Geschichte der Marpessa endet damit, daß sie sich dem Idas in die Arme wirft und mit ihm zum zweitenmal entflieht. Einen Augenblick lang war sie von dem Gedanken verführt, sich dem Gotte hinzugeben und in solcher Hingabe teilhaftig zu werden einer überirdischen Welt. Dann aber weicht sie zurück in Idas' vertraute Nähe, in die Sicherheit des gemeinsamen Geschicks. Nun erscheint ihr begehrenswert, was sie vordem abstieß, Blut, Schweiß und Sterblichkeit und die unendliche Mühe, mit der Idas den mühelos Kämpfenden bezwang. Schon fährt sie wieder davon auf dem bewährten Reisewagen, Messene ist nah, schon umfängt sie die sanfte Wärme, die gute Alltäglichkeit des menschlichen Seins. Sie liebt Idas, gebiert ihm Söhne und gemächlich leiten sie die Jahre aus der Jugend in das Alter hinein. Und fern, wie ein Traum nur berührt sie noch die Erinnerung an ein Geschehen, das so wunderbar war wie das grelle Funkeln der Sonne auf dem goldenen Schilde des unendlichen Meers, so schauerlich wie eine Begegnung mit dem Tod.

Philemon und Baukis

In der griechischen Sintflutsage wird wie in der biblischen eine blühende Landschaft durch die Entfesselung der Naturgewalten vernichtet. Hier wie dort gilt als die Ursache des göttlichen Zorns menschliche Selbstsucht und Härte, hier wie dort erfahren Gerechte wunderbare Errettung aus der Gefahr. Der griechische Mythos erzählt von Deukalion und Pyrrha, welche dazu ausersehen waren, ein neues Geschlecht auf wunderbare Weise ins Leben zu rufen. Wanderer später Zeiten fanden inmitten eines öden Sumpflandes auf einer Anhöhe zwei mächtige Bäume, sie hörten den Wind in den alten Kronen rauschen wie flüsternde Stimmen, wie ein unaufhörliches sanftes Gespräch, und an die Erscheinung dieser Bäume knüpfte sich ihnen die Geschichte von Philemon und Baukis, eine Geschichte von langem Leben, wundersamer Bewahrung und gnadenreichem Tod.

Dieser Sage zufolge erschienen in den alten Zeiten die Götter Hermes und Zeus einmal als Wanderer im phrygischen Land. Um die Gesinnung der Menschen zu erproben, baten die Bedürfnislosen um Trank und Speise, heischten die nirgends Gebundenen ein Obdach für die Nacht. Es hatten sich aber dort in langen Jahren der Not die Herzen der Menschen so verhärtet, daß jeder nur darauf bedacht war, wie er sich selbst hinüberrette in eine glücklichere Zeit. Den Wanderern voraus lief die Kunde von ihrem herrischen, anspruchsvollen Wesen, und wenn auch ein Gerücht ihrer unirdischen Abkunft sich rasch verbreitete, so blieben sie doch vor allem Fremde, und ihr Erscheinen erweckte überall Mißtrauen und Furcht.

Solcher Beunruhigung waren auch die alten Bauersleute Philemon und Baukis unterworfen. Sie waren zu dieser Zeit schon allein, ihr bescheidener Besitz konnte nur in harter Arbeit zusammengehalten werden und ihre Vorräte waren gering. Mehr noch als ihre begüterten Nachbarn mußten sie danach trachten, sich von ungebetenen Gästen zu befreien. Dennoch waren unter allen Bewohnern des Küstenlandes Philemon und Baukis die einzigen, die sich nicht bemühten, einen Vorwand zu ersinnen, die einzigen, die ihre Türe nicht verschlossen. Als die Fremden sich, überall abgewiesen, endlich auch dieser letzten und ärmlichsten Hütte noch näherten, wurden sie eingelassen, und von dem Augenblick ihres Eintretens an waren die Alten unermüdlich darauf bedacht, ihnen alle erdenkliche Fürsorge zu gewähren. Sie opferten das Letzte ihrer Habe, rüsteten ein festliches Mahl und scheuten keine Mühe, durch warmes Bad und sanfte Lagerstatt die weitgereisten Gäste zu erquikken.

Aus solcher Bereitschaft spricht mehr als eine langgewohnte Achtung vor der Heiligkeit des Gastrechts, mehr als die freundliche Gutmütigkeit, die sich keinem Anruf verschließt. Philemon und Baukis waren zusammen alt geworden, sie hatten eine gute Ehe geführt, und in all den gemeinsam erlebten Jahren hatten sie einen Schatz angesammelt, der nicht in greifbaren Dingen, sondern in guten Worten und liebevollen Gedanken bestand. Sie hatten keinen Grund gehabt, sich gegeneinander zu verhärten, und jede Enttäuschung, jede Sorge des äußeren Lebens, die der eine empfing, war von dem Liebesatem des andern aufgelöst worden in ein Lächeln der Geduld. Ihr ganzes Leben lang hatten sie nicht nur sich selbst, sondern eine Menge von lebendigen Wesen und Dingen zu versorgen gehabt, Kinder und Tiere, Weinstöcke, Bäume und Ackerland, und während sich unter ihren Händen das Leben schon hundertfach erneut und gewandelt hatte, waren sie selbst offen geblieben und zur Verwandlung bereit. Auch waren sie in all den Jahren der Welt nicht müde geworden und hatten nicht aufgehört, in ihr das Wunderbare zu suchen, das der schönsten Erfahrung ihrer Herzen entsprach.

Weil in den Frauen die Neugierde größer ist als in den Männern, mag es sein, daß die alte Baukis die erste war, die in den Augen der langsam heranschreitenden Fremden das Wunderbare entdeckte. Vielleicht war sie es auch, die eilfertig die Türe öffnete, noch ehe die Wanderer das Haus erreicht hatten, und nur ihr zuliebe mag Philemon sich zuerst an den Vorbereitungen für das Mahl so dienstwillig beteiligt haben. Aber dann war es doch seine Sache, zu ertragen, wie die jungen und rüstigen Fremden in aller Gelassenheit die Dienste der Greisin annahmen, wie sie ohne Bedenken verzehrten, was den Alten für Wochen gereicht hätte und sich mit allerlei Erzählungen die Zeit verkürzen ließen, ohne selbst etwas zur Unterhaltung beizutragen oder gar von ihrer Herkunft zu berichten. Und als die Mahlzeit zu Ende war und die beiden Unbekannten sich nun auf ihre hochfahrende Weise als Himmlische bezeichneten und ein Strafgericht ankündigten, dem das ganze Land zum Opfer fallen sollte, da war es an Philemon, solche Reden als ein hochmütig trunkenes Prahlen anzusehen oder sie gläubig hinzunehmen als ein göttliches Wort. Denn es war mit dieser Enthüllung den Zumutungen kein Ende gesetzt. Die Fremden erhoben sich nämlich, sie forderten Philemon und Baukis auf, ihnen zu folgen, und ließen nicht im Zweifel, daß das Verlassen der Hütte ein Abschied für immer bedeute. Dabei war es schon Nacht geworden, ein Unwetter zog heran, und die Alten waren von ihrem langen Tagwerke müde. Gerade eben noch waren sie liebevoll und stolz umgegangen mit den wenigen Dingen, an welchen ihr Herz hing, den festlichen und besonderen Tellern und Bechern, den kunstvoll gewebten und bestickten Decken und Teppichen, deren Anblick ihnen alle festlichen Stunden ihres Lebens ins Gedächtnis zurückrief und an denen sich die Ereignisse ihrer Tage ablesen ließen wie aus einem offenen Buch. Gerade eben hatte in der Beherbergung der Gäste das alte ärmliche Haus seinen schönsten Sinn erwiesen, hatten die Früchte des Gärtchens alle Pflege und Mühe aufs neue gelohnt. Noch glühte das Feuer im Herde, und diese Flamme, die so recht den Inbegriff des gemeinsamen Lebens darstellte, freiwillig zu verlassen, mochte die Alten grausamer bedünken als der Tod. Dennoch zögerten sie keinen Augenblick, der Aufforderung der Fremden Genüge zu tun. In ihren Herzen war kein Raum für die Möglichkeit einer Täuschung, eines frevelhaften Betrugs. Sie hörten in den Stimmen der Wanderer, die sich nun zum erstenmal in heller Deutlichkeit erhoben, jenen Anruf, der in jedes Menschenleben immer wieder hineinklingt wie eine helle Fanfare oder wie ein dunkles Brausen und der dazu auffordert, zurückzulassen und zu vergessen. Und voll von Vertrauen verließen sie das Eigene, Haus und Garten, Ölwald und Ackerland und wandten sich nicht zurück.

Während sie, der Weisung der Fremden gehorchend, einer bewaldeten Anhöhe zuschritten, wurde der Sturm heftiger, Wasserfluten stürzten vom Himmel und von den Abhängen strömten überall rauschende Bäche zutal. Die Alten, verwirrt schon durch alles Seltsame der vorangegangenen Stunden, fanden sich bald in öder Bergwildnis verloren. Zwar glaubten sie manchmal einen Pfad wiederzuerkennen, den sie Kräuter und Holz sammelnd in früheren Zeiten begangen hatten, und da sie sich so unvermutet an die Wege ihrer Jugend erinnert fühlten, wanderten sie fröhlich, Hand in Hand, und halfen sich gegenseitig über die Beschwerlichkeiten hinweg. Doch wurde es bald noch finsterer, die Erde war von Gießbächen aufgerissen und der Pfad von entwurzelten Stämmen versperrt, und endlich begannen die Alten nach ihren Führern, aber vergeblich, zu rufen. Sie waren allein, und allein und fast unversehens erreichten sie schließlich die hölzerne Berghütte oder ein Gebäude, das sie dafür hielten, da es mit Wänden und Türpfosten ihren tastenden Händen Einhalt gebot.

Hier fanden sie sich plötzlich geborgen vor Regen und Sturm

und blieben dort, hingekauert in Wärme und Stille und voller Staunen über das Schicksal, das sie am Ende ihres Lebens noch einmal auf die Reise führte, einem Ungewissen zu. Dabei überkam sie bald große Müdigkeit, und im Auf und Nieder der ersten Schlafwellen verloren sie schon die Erinnerung an ihre verlassene Habe und an die Ereignisse ihres vergangenen Seins. Sie verloren auch das Bewußtsein der Zeit, und während der Regen nun immer ruhiger, aber auch mächtiger herabbrauste, kümmerte es sie nicht mehr, ob Stunden oder Jahre auf solche Weise vergingen. Denn es blieb immer dunkel, dunkel wie im Mutterschoß der Erde oder wie im Grab.

Philemon und Baukis wachten und schliefen, und weil sie so vieles vergaßen, alle Dinge und endlich auch die Worte, welche die Dinge beschwören, blieben sie auch im Wachen ganz unbeweglich und sprachen nicht. Die ganze lange Zeit über jedoch war einer der Gegenwart des andern liebend gewiß und war auch gewiß jenes Dritten und Großen, das sie hervorgerufen hatte aus ihrem alten Leben und das jetzt überall war, in der Enge des unbekannten Raumes und draußen in dem Wehen und Rauschen der furchtbar verwandelten Natur. Dieses Große war zu ihnen gekommen in Gestalt der wandernden Männer, es hatte ihnen den Besitz aus den Händen genommen, aber auch die Bürde des Alters von den Schultern gelöst. Wie am Ufer eines unendlichen Meeres kauerten sie nun über den strömenden, wogenden Fluten, und je länger die Nacht währte, desto bereiter waren sie, sich hinwegtragen zu lassen, gleichviel wohin. Doch begann es endlich zu dämmern, und ein neuer Tag erschien.

Dieser Tag wuchs sehr langsam aus der großen Finsternis. Er löste sich aus Regenschauern und Hagelwänden, aus vielen Hüllen bleicher Nebel und dunkler Wolken und wurde schließlich der schönsten einer, strahlend hell und blau. Philemon und Baukis, die ihre tagfremden Augen zum Himmel erhoben, entdeckten zu ihren Häupten statt der verrußten Balken der alten Schutzhütte die schlank aufstrebenden Säulen und das kunstvoll verschränkte Dach eines Tempels und glaubten sich noch im Traum. Auch als sie heraustraten über die marmorne Schwelle, schien ihnen alles fremd, und sie vermeinten, während der Nacht entrückt worden zu sein in ein anderes Land. Denn es war alles, was der Landschaft vordem ihr Gepräge gegeben hatte, die Häuser und Pfade und die Grenzen der Äcker und Weingärten, ausgelöscht wie eine flüchtige Schrift. Zwischen verwüsteten Gehölzen breitete sich ein stickiger Morast, an der Stelle der üppigen Viehweiden lag ein großer, unheimlich stiller See. Nur allmählich erkannten die Alten die treibenden Trümmer von Häusern und Brücken auf den langsam versikkernden Fluten, und erst als sie sich einander nun zuwandten mit fragendem Blick, erkannte jeder im Auge des andern die überstandene Not und Gefahr. Da wurde ihnen bewußt, was geschehen war und daß sie verschont geblieben waren, sie als die einzigen von allen Menschen ringsum.

Zuerst erweckte diese Entdeckung in ihnen mehr Beklommenheit als Freude. Zögernd nur durchwanderten sie den Bezirk des Heiligtumes, das ihnen Herberge und Wohnstatt geworden war, scheu nur erhoben sie ihre Stimmen, um den Göttern für ihre Errettung zu danken, und ängstlich noch und verwirrt setzten sie sich endlich ein wenig seitab von dem Tempel ins Gras. Wie dann aber die Sonne immer kräftiger herabglühte auf das verödete Land, wie die Vögel wieder zu singen, die Bienen zu summen und die Kräuter zu duften begannen, war es ihnen, als gewahrten sie im Schimmer der Sonnenglut die beiden Wanderer der vergangenen Nacht, die sie mit freundlicher Gebärde zurückwiesen in den Schatten der Säulenhalle und unter das schützende Dach. Da begriffen sie, daß es von nun an ihr Amt und ihre Aufgabe sein sollte, das verlassene Heiligtum zu hüten und von ihm behütet zu sein, und daß durch eine solche gemeinsame Hingabe ihr Leben wunderbar gekrönt werden sollte. Und weil es ihnen schien, als hätten sie nicht der Gastfreundschaft eines einzigen Abends, sondern der lebendigen Liebe all ihrer Jahre diese Gnade zu verdanken, wünschten sie in diesem Augenblick nichts sehnlicher, als beieinander zu bleiben und dieses neu geschenkte Leben in ein und derselben Stunde zu beschließen.

Wie viele Menschenalter lang Philemon und Baukis noch als Hüter des Tempels lebten, wissen wir nicht. Doch erzählt die Sage, daß jener Wunsch ihnen erfüllt wurde und auf die seltsamste Weise. Eines Abends nämlich, als der Sonnenball sich anschickte, hinter den Hügeln im Westen zu versinken, und die Alten vor ihrem Tempel stehend ihm nachschauten in stiller Freude, da sei mit einemmal durch ihre Glieder eine wunderliche Bewegung gegangen, ein Wachsen und Erstarren zugleich. Langsam, langsam hätten sich ihre Leiber verwandelt und wären zu Baumstämmen geworden, ihre Gesichter, einander zugeneigt in unaussprechlicher Liebe, wären allmählich versunken in Wolken grünender Zweige und ihre Stimmen hätten nicht mehr menschliche Worte gesprochen, sondern nur noch wie das Rauschen und Flüstern windbewegter Zweige getönt. In eine Eiche war Philemon, in eine Linde Baukis verwandelt worden, und nach und nach durchdrangen sich die Äste dieser Bäume und bildeten ein starkes gewaltiges Dach. Mit ihren Zweigen umgriffen sie den schimmernden First des alten Tempels und hielten und stützten den mählich zerfallenden mit ihrer lebendigen Kraft. In ihrem Schatten aber verweilten ruhend und sinnend die neuen Menschen, Deukalion und Pyrrhas Geschlecht.

Die Begegnung

Nachdem Odysseus ein volles Jahr bei der Zauberin Circe zugebracht hat, gibt er den klagenden und mahnenden Stimmen der Freunde Gehör und bittet die Gastfreundin, ihr Versprechen zu erfüllen und ihn ziehen zu lassen. Circe versucht nicht, ihn zurückzuhalten. Doch weist sie ihm statt des ersehnten Heimweges einen anderen, dunkleren und gefährlicheren Pfad. Noch immer ist Odysseus von Unheil bedroht, er bedarf des Rates, bedarf jener höheren Einsicht in die Zukunft, die von allen Menschen nur einer, der blinde Seher Teiresias, besitzt. Der aber weilt schon lange im Schattenreich. Dort muß Odysseus ihn aufsuchen und Erfahrung gewinnen, jene Erfahrung der unteren Welt, die notwendig ist zur ferneren Erziehung des Helden, zu seiner Bewährung gegenüber dem Leiden, der Gefahr und dem Tod.

Ungern genug stimmt Odysseus dem Plane der Gastgeberin zu. Die Heliostochter, selbst zauberisch und prophetisch begabt und als Dienerin der Hekate mit allen Geheimnissen der Unterwelt wohlvertraut, gibt ihm genaue Anweisungen, läßt ihn im Geiste schon den kargen Strand der Unterwelt, den Hain der Persephone und den Erebos erreichen. An dem unheimlichen Ort, wo zu Füßen einer Felsenwand zusammentreffend die donnernden Ströme des Hades sich in den Okeanos ergießen, soll Odysseus die Blutgrube graben, das Allerseelenopfer verrichten und mit dem blanken Schwert sich der herandrängenden Toten erwehren, bis Teiresias kommt und, vom Tierblute belebt und gestärkt, zu weissagen beginnt. Solche Ausmalung und Anleitung unterbricht der nahende Morgen; leicht, lieblich und wie die Morgenröte selbst von rosigen Schleiern umweht, erhebt sich Circe vom gemeinsamen Lager, emsig trifft sie die Vorbereitungen für die Reise des scheidenden Freundes. Odysseus, in sein Schicksal ergeben, weckt die Gefährten und spornt ihre Tätigkeit mit der Hoffnung auf eine nahe Heimreise mächtig an. Um so maßloser ist dann die Enttäuschung, als er ihnen das wahre Ziel enthüllt. Als sollten sie selbst das blühende Leben eintauschen gegen den Tod, winseln die Männer, weinen und raufen sich das Haar. In aller Verzweiflung, aller Erregung und Mühsal des plötzlichen Aufbruchs beachten sie nicht, daß unter den Mauern des Gästehauses ein Toter liegt, einer aus ihrer Schar, Elpenor, der, aus der Schlaftrunkenheit einer halb durchzechten Nacht aufschrekkend, fehlgetreten und vom Dache gestürzt ist. Totenklage und Opfer werden versäumt, schon liegt das Schiff bereit, schon stehen die schwarzen Opferschafe, Circes Abschiedsgabe, angebunden am Heck. Und noch ehe die Betäubten recht zur Besinnung kommen, trägt sie der helfende Wind eilends dahin, begleitet sie der liebliche Gesang der Zauberin über das rauschende Meer.

Die Welt, welche Odysseus am Abend dieses Tages erreicht, ist die jenes delphischen Wandgemäldes, das Pausanias beschreibt. Dort waren mit aller Eindringlichkeit die unheimlichen Gefilde des Totenreiches dargestellt. Wasserstreifen und Schilfbänder zeichneten die unterirdische Flußlandschaft, Schatten von Fischen trieben in der stygischen Flut, in einem Nachen stand der alte Fährmann des Todes still auf sein Ruder gelehnt. Überall wimmelte es von toten Seelen, bestraften Sündern und schrecklichen Todesdämonen. Vatermörder und Tempelschänder waren zu sehen, Oknos drehte an dem Seil, das ihm die Eselin beständig wieder zernagte, Phaidra, über dem Abgrund aufgehängt, griff mit beiden Händen in namenloser Angst nach dem Strick, gefesselt an ihre goldenen Throne saßen Theseus und Peirithoos, auf einem Geierfell hockte blauschwarz und zähnefletschend das Gespenst Eurynomos, das die Toten aussaugt und ihr Fleisch abnagt bis auf das bleiche Gebein. Neben diesen Gestalten drängten sich andere hervor, und jede von ihnen erzählte eine Geschichte von Trieb und Leidenschaft, Schuld und Verstrickung, ohne die sich kein Menschenleben vollzieht. In ihrer Mitte saß Odysseus, das blanke Schwert über die Blutgrube gestreckt, und vor ihm stand in der schilfgeflochtenen Kleidung der Matrosen Elpenor, eben jener trunkene Zecher, den ein unwürdiger Tod dem wandernden Helden vorausgeschickt hatte an die Pforte der unteren Welt. Und während von allen Seiten die Seelen klagend und lebensgierig herandrängend das Wandbild erfüllten, schien es doch, als sei ihre Bewegung aufgehalten durch die unvermutete Begegnung dieser beiden Männer, die verbunden waren durch Krieg und Wanderschaft, das gemeinsame Geschick.

Im Elften Gesang der Odyssee bestätigen sich die Voraussagen der Zauberin. In einer Dunkelheit, die sie immer dichter umschließt, erreichen die Wanderer den einsamen Ort, das Opfer wird vollzogen, das rauchende Tierblut bis zum Herannahen des Sehers vor der dumpfen Begierde der Seelen mit dem Schwerte beschützt. Nach der Weissagung des Teiresias erscheint Odysseus' Mutter, die, belebt von der Zauberkraft des lebendigen Blutes, nicht nur das Vergangene zu berichten, sondern mit dem wundersam hellen Blicke mütterlicher Liebe über Länder und Meere hinweg auch zu gewahren vermag, was sich in der verlassenen Heimat vollzieht. Ihr folgen die Frauen, Mütter und Buhlerinnen, und auch sie gewinnen für eine kurze Zeit den Glanz des Lebens, die strahlende Gegenwärtigkeit ihres längst vergangenen Daseins zurück. Noch ehe all dies geschieht, tritt jedoch auch hier dem ratsuchenden Helden unvermutet jener Elpenor entgegen. Und all die seltsamen Vorgänge, aller Schicksalsreichtum der Sagengestalten berühren uns nicht so tief wie die unendliche Traurigkeit dieses ersten Gesprächs.

Gemessen an der verwirrenden Fülle des delphischen Wandbildes erscheinen die Farben, mit welcher der homerische Gesang die Unterwelt malt, sparsam und zurückhaltend verteilt. Auf dem Vasenbild eines Lykaonmeisters, dessen Darstellung vollends allen Höllenspuks und Hadeszaubers entbehrt, heben sich außer der Gestalt des Gottes Hermes nur die Gestalten des Odysseus und des Elpenor hell aus dem schwarzen Grund. Wenige Linien bezeichnen die Umrisse einer felsigen Landschaft, in sparsamen Strichen sind mit Kolben und Blättern Schilfstengel angedeutet. Den Überschneidungen der Felskonturen eingeschmiegt liegen zu Füßen des Odysseus die Opfertiere, lockige Schafe, denen das Blut aus den Mäulern rinnt. Hermes, von rechts herbeieilend, ist trotz seiner Göttlichkeit nur eine Nebenfigur, ein mahnender Begleiter, eine Andeutung der abgemessenen Zeit, welche alle Besuche in der Unterwelt bestimmt. Den Mittelpunkt des Bildes bildet Odysseus, der auf einem Felsen sitzt, kleiner, feingliedriger als der Gott, den hutartigen Helm in den Nacken geschoben, das sinnend gebeugte Haupt auf die Hand gestützt. Elpenor steht links von ihm, bis zu den Knien von den Felsen verdeckt und also gerade erst aufsteigend aus der finsteren Tiefe. Seine rechte Hand sucht einen Halt auf den niedrigen Felsblöcken des Vordergrundes, die linke klammert sich hoch erhoben am ragenden Berghange fest. Während Odysseus mit feingefaltetem wollenem Mantel und sorgfältig geschnürten Sandalen bekleidet ist und Bart und Locken schön gekräuselt trägt, ist Elpenor völlig nackt, und sein Haupthaar ist kurz. Seine Gestalt zeigt eine seltsame Unsicherheit der Gelenke, ein knieweiches Schwanken und Nachgeben des Knochengerüsts. Als sei es in jedem Augenblick möglich, daß der weiche Körper in sich zusammensinke, hängt er noch zwischen Felsen und Schilf, und wie mit einem letzten Rest von Willenskraft saugt sich der starre Blick des Verstorbenen an dem Antlitz des Lebendigen fest.

Solcher Hilflosigkeit zeigt sich Odysseus auch in anderer Beziehung überlegen. Er ist der Herr und Anführer, der gesammelt Ruhige, der sich selbst zu beherrschen weiß. Wie er das Knie beugt, die linke Hand mit dem bloßen Schwert auf dem Schenkel ruhen läßt, ist seine ganze Haltung von Anmut und Würde bestimmt. Nachdenklich ruht sein großes, weit aufgeschlagenes Auge auf der Erscheinung des Gefährten. Elpenor aber ist vierschrötig gebaut, sein Gesicht ist bäurisch geformt, wulstig schieben sich seine dicken Lippen vor. Er ist der Untergebene, der einen Befehl mühsam und mit großer Anstrengung aufzufassen scheint. Dennoch ist all dieses nicht entscheidend für den tiefen Gegensatz, der zwischen Odysseus und Elpenor besteht und der auf diesem Vasenbild erschütternd zum Ausdruck kommt. Das Entscheidende liegt in der Verschiedenheit ihres Schicksals, einer Verschiedenheit, die sich erst in diesem Augenblick völlig offenbart. Odysseus wird, von Hermes geleitet, über kurz oder lang zurückkehren, zu den Gefährten, wird über das Meer reisen, immer freier und leichter, hinein in die lichte und sonnige Welt. Elpenor aber ist tot.

Elpenor ist tot. Den vergeblich Hoffenden hat der Zufall gefällt, ein banales Mißgeschick, das zu dem großen Schicksal der trojanischen Helden in jammervollem Gegensatz steht. Zwar hat er die eigentliche Pforte der Unterwelt noch nicht durchschritten, ist noch nicht aufgenommen in die Reihen der Schatten, die sich dort mit der Buße ihrer Missetaten abmühen oder in friedlicher Hoffnungslosigkeit ihres Weges ziehen. Noch scheint er, mit Erinnerung, Gedanken und Gefühlen begabt, dem Leben näher als dem Nichtmehrsein. Dennoch drängt kein Wunsch ihn zurück. Sein Begehren richtet sich einzig darauf, aufgenommen zu werden in den unteren Bereich, und was er von Odysseus verlangt, ist nur der ehrenvolle Abschied, die Verbrennung der Waffen, die Austilgung der irdischen Spur, die den Gestorbenen erst eigentlich loslöst von der Welt. Sein Schmerz ist nicht Auflehnung, sondern trauervoller Verzicht, seine Unlust nicht Todesfurcht, sondern nur das schreckliche Unbehagen dessen, der zwischen Leben und Tod umherirrend weder in der flüchtigen Gemeinschaft des Lebenden noch in der großen ewigen Versammlung der Toten Rechte und Ansehen genießt.

Elpenors Anliegen an Odysseus ist eindeutig, er bringt es vor mit dem letzten Rest seiner langsam dahinschwindenden Kraft, und wie ein Gott erscheint ihm der Herr und Waffengefährte, der, auf die Erde zurückkehrend, ihm solches zu gewähren vermag. Für Odysseus ist die Begegnung von nicht geringerer Bedeutung. Dennoch berührt sie ihn auf eine andere Weise und in einem anderen Sinn.

Odysseus, zum Hades hinabsteigend, ist gewärtig, jenen schattenhaften und seelenlosen Leibern zu begegnen, von denen auf der oberen Welt geheimnisvolle Kunde umgeht, jenen Toten, mit deren Nichtmehrsein man sich abgefunden, die man eingeordnet hat in das unwiederbringlich Vergangene der ewig sich wandelnden Welt. Nun aber ist der erste, der Odysseus entgegentritt, einer, von dessen Tod er noch gar nichts weiß, den er noch vor wenigen Stunden gesehen hat, dessen helle und fröhliche Stimme noch zu ihm gedrungen ist durch die südliche Nacht. Auf einem andern, geheimnisvollen Pfade und schneller als Odysseus selbst hat jener die traurigen Gefilde erreicht, und wie Odysseus ihn nun anblickt, erfüllt ihn die Schwäche der willenlosen Glieder, die Starre des erlöschenden Blickes mit unbeschreiblichem Schmerz. In einem langen und traurigen Gespräch werden die gemeinsamen Erinnerungen wachgerufen, Erinnerungen an Krieg, Gefahr und Not, an all jene Zeiten, die voll des Leidens waren, aber auch voll eines glühenden unbesiegbaren Willens zum Leben und zur Tat. Und im Laufe dieses Gespräches vergißt Odysseus, der an der Opfergrube Wache hält und sinnend das Haupt aufstützt, daß der Mann, der dort vor ihm steht, Elpenor ist. Elpenor, der Ruderknecht, von dem es heißt, daß er nicht eben tapfer war noch stark von Verstand, Elpenor, der mit den anderen Gefährten verwandelt worden war und sich gewälzt und gefreut hatte in tierischer Lust. Der dort vor des Wanderers traurigen Augen sich abwendet vom Leben und nur das Schattendasein noch ängstlich bedenkt, ist für Odysseus in diesem Augenblick nichts anderes als der ewige Gefährte von Krieg und Wanderschaft, der Reisekamerad, mit dem er Brot und Wein, Hoffnung und Leiden geteilt hat bis auf den heutigen Tag. Tausendfältig dem Odysseus verbunden durch das gemeinsame Geschick ist er auch ein Teil des griechischen Volkes, das in den Gefährten des Helden verkörpert wird in seinen Schwächen, Lüsten und Untugenden, in all seiner herrlichen Fröhlichkeit und Kraft.

Darum, während schon Teiresias naht und von allen Seiten schon die Schatten herandrängen, sieht Odysseus doch nur diesen einen, der mit ihm verbunden war durch die Lust jedes neu erwachenden Sonnentages, durch die Gefahren des Krieges und der Wanderschaft, durch die gemeinsame männliche Welt. Er sieht in Elpenor einen Teil seiner selbst, und wie jenem nun auf unbegreifliche Weise die Lebenskräfte entschwinden, erlebt Odysseus mit ihm das Grauen der Entfernung, die tiefe Traurigkeit des Scheidens, den einzig gültigen, den eigenen Tod. Und erst nachdem er hindurchgegangen ist durch diese Erfahrung, kann er die Gesichte der Unterwelt erblicken, ihre Stimmen vernehmen und erfahren, was der Seher, die Mutter und die mythischen Frauen ihm zu verkünden haben.

Dido

Zurückwandernd zum Ursprung der Sage finden wir das Bild der Dido verschmolzen mit dem der phönikischen Göttin Ischtar, der Löwenreiterin, die über Mond und Sterne, Blitz und Regen gebot. Wie die Natur selbst hat Ischtar ein zwiefaches Wesen und verkörpert die Fülle der Fruchtbarkeit und der unermüdlichen Zeugung ebenso wie Vernichtung, Verderben und Tod. Sie ist jungfräulich, eine Segensbringerin und Göttin der Liebe, Granatapfel und Lotos sind ihr heilig, die sanfte Taube und der stille Fisch. Allem Zarten und Sanften, Blüte und Frucht Gewährenden aber steht das Andere gegenüber, Vernichtung des Geliebten, Höllenfahrt und Herrschaft der dunkeln Mächte, Härte und Haß.

Aus dieser seltsamen Atmosphäre orientalischer Lebensfülle und Lebensvernichtung, Zartheit und finsterer Größe taucht die frühe Sage der mythischen Dido hervor. Ihre Züge sind streng und lieblich, einfach und groß ist der Verlauf ihres Lebens, eine Götterwanderung und Schutzherrschaft an fremden Gestaden der Welt. Die Stadt Sidon ist ihre Heimat, dem jungen Bruder Pygmalion und ihr selbst hat der Vater Mutto das Reich hinterlassen. Bald aber geschieht es, daß der nach Macht und Schätzen gierige junge König Didos Gemahl, den Melquartpriester Sicharbas, am Altar des Melquart erschlägt. Die Tat wird verborgen gehalten und nur ein Traum, in dem Dido ihren Gemahl blutüberströmt auf seine Wunden weisen sieht, enthüllt ihr die heimliche Tat. Doch ist nun ihres Bleibens in der Heimat nicht mehr.

Bald bricht sie auf, eine Wandernde wie die Göttin Ischtar, eine Freudige nach ihrem Wesen, eine Trauernde nach ihrem

Geschick. Die sie begleiten, sind Unzufriedene aller Art, ihre Mittel sind die verborgen gehaltenen Schätze des Sicharbas, ihr Ziel ist die Errichtung einer neuen Herrschaft an den Küsten des Meers. So fahren sie gen Westen und landen nach mancherlei Abenteuern am nordafrikanischen Strand. Mit den Eingeborenen werden Begrüßungen und Geschenke ausgetauscht, Dido bittet um soviel Land, als man mit einer Rinderhaut abgrenzen kann und erhält, da sie die Haut zum Messen in feine Streifen schneidet, für Stadt und Ackerland reichlich genug. Ein Pferdekopf, unter einer Palme ausgegraben, wird als glückverheißendes Zeichen erkannt. So kommt es zum Bau der Stadt, zu Festigung und Ausbreitung der Macht, zu Handel und Verflechtung mit der angrenzenden barbarischen Welt. Bald nähern sich die Herrscher der benachbart wohnenden Völker in der Absicht, Didos Hand zu erringen, und je stolzer die Stadt aufragt, je mächtiger sie die Küste beherrscht, desto mehr werden der Freier, desto ungestümer drängen sie auf Entscheidung. Schließlich wird der Königin von dem mächtigsten unter ihnen, dem König Jarbas von Maxitanien, eine Frist gesetzt. Innerhalb dieser Frist soll sie Jarbas heiraten oder er wird die Stadt mit Krieg überziehen.

Und nun erweist sich erst eigentlich der mythische Charakter der Sage und die sonderbar überweltliche Stellung der Dido, welche doch so irdisch anmutete bei der List mit der Rinderhaut, so weltlich praktisch in der Besorgung ihrer Flucht. Riesengroß wachsen auf einmal die sidonischen Gestalten auf, Dido, Dienerin der Ischtar und kraft der Hingabe ihres religiösen Dienstes Ischtar selbst, Sicharbas, Priester des Melquart und kraft seines Dienstes dieser selbst, und der grausame Pygmalion, dessen Name »Amboß des Höchsten« bedeutet. In der Luft, in der sie leben, vollziehen sich Dinge, die wunderbarer und schrecklicher sind als Heirat und Kindergebären, das ganze irdische Geschick. Jarbas, wenngleich auch er sich Sohn eines Gottes nennt, steht winzig neben solcher Größe, er ist ein

Fremder, und je mehr sich Dido von ihm bedrängt fühlt, desto mehr hört sie auf die Traumrufe ihres Gatten, die Lockung der heimischen Welt. Ihre Sendung ist eine mythische, nicht eine irdische, sie ist abgeschlossen mit der Gründung der Stadt und bedarf der leiblichen Nachfolge nicht. So gibt sich Dido unter dem Vorwande, dem Sicharbas vor ihrer Wiedervermählung noch ein Totenopfer zu bringen, auf flammendem Scheiterhaufen selbst den Tod.

Von sizilischen Griechen erzählt, von dem gelehrten Timaeus aufgegriffen, spiegelt die alte Sage den ganzen Zauber des fremden Erdteils, die ganze düstere Größe der orientalischen Religion. Noch ist die Brücke zum homerischen Mythos nicht geschlagen, jenseits des Meeres begibt sich alles und bleibt von den Grenzen orientalischen Wesens umschlossen. In der Zeit der punischen Kriege jedoch, als die Römer sich mit der Heeresmacht Karthagos immer wieder blutig auseinanderzusetzen hatten, wird die Verbindung mit der griechisch-römischen Sage vollzogen, und der Dichter Naevius, der mit den römischen Truppen in Afrika kämpfte, stellt die Geschichte der Dido auf eine neue Weise dar. Nun ist es nicht mehr Jarbas, um dessentwillen sich Dido den Tod gibt, sondern Aeneas, der Trojaner, dem schon Homer die Mission einer Stadtgründung auf italienischem Boden zuschrieb und der nun eingeführt wird als der Ahnherr der Julier, der mythische Begründer des römischen Reichs. Ihn beginnt Dido, als die Trojaner schiffbrüchig in Karthago landen, sogleich zu lieben, der Schmerz über seine Treulosigkeit treibt sie in den Tod, und in dem Fluche, den sie dem Scheidenden nachschleudert, liegt die Begründung für den unversöhnlichen Haß, der den Römern in langen Kriegen mit der mächtigen Stadt immer wieder begegnen wird.

Die von Naevius zusammengeführten Gestalten Aeneas und Dido sind von nun an und für alle Zeiten Liebende geworden. Jahrhunderte später beschwört sie der große Virgil, und was er auf Homer, Timaeus und Naevius fußend hervorbringt, ist noch in anderer Weise bedeutsam als durch die glühenden Farben seiner dichterischen Kraft. Der Gegenstand seiner Dichtung ist nicht der Einzelne, nicht der tapfere und leidende Kriegsmann, der wandernd und irrend endlich eine neue Heimat erreicht, sondern der römische Staat, seine Verwurzelung im Mythos und sein Hinaufwachsen in die Helle eines glorreichen Tages.

In dem weitgespannten Rahmen dieser Erzählung kann die Begegnung des Aeneas mit Dido nur eine Episode sein. Doch ist sie es nicht in dem Sinne jener Abenteuer, welche die homerischen Helden bestehen. Wie überall in der Aeneis die schicksalhafte Notwendigkeit des römischen Staates hervortritt und über zufällige Unterwerfung und Eroberung hinaus ihr Recht verlangt, so stellt sich auch das Dido-Erlebnis als eine Schicksalsstunde des römischen Reiches dar. Die orientalische Urkraft der Dido, durch welche die Mission des Aeneas ihrer größten Prüfung ausgesetzt war, steht für die Entfaltung der einzigen Macht, durch die der Bestand des Römerreiches jemals ernstlich gefährdet war. Und es bedeutet im Grunde das Liebeserlebnis nichts anderes als ein Stück Geschichte, die Lokkung des fremden Erdteils, die Gefahr des punischen Kriegs.

Die große Wandlung gegenüber dem Zeitalter der Mythen wird in den ersten Gesängen der Aeneis überall offenbar. Die Frauengestalten Homers leben im Augenblick, unbekümmert; hochgeehrt kehrt Helena nach dem Untergang Trojas in das Haus ihres Gatten zurück, leise erlischt die scheue, kaum angedeutete Liebeshoffnung der Nausikaa, als das Schicksal des Odysseus sich ihr als ein großes und fernliegendes enthüllt. Die Dido des Virgil ist von anderer Art, sie kennt Furcht und Hoffnung, sie will halten, was ihr zu entgleiten droht, die Liebe, das Glück. So geschieht das Seltsame, daß sie, verflochten in die Darstellung einer geschichtlichen Idee, uns dennoch näher steht als die göttliche Ischtar, die mythische Dido und die Frauengestalten des Homer. Kraft der Zugehörigkeit des Dichters zu einer späteren Zeit ist sie ihrer Göttlichkeit entkleidet, unter dem Zwang der Gefühle, welche die römischen Götter, Drahtzieher über den Wolken, in ihr erregen, lebt sie hoffend und ahnend als ein zitterndes Wesen von Fleisch und Blut. Und da solches Hingenommensein Menschenlos ist, dem nur eine einzige Freiheit, die Freiheit zum Tode gewährt wird, gewinnt auch Dido erst im Tode etwas von ihrer Göttlichkeit zurück.

Im ersten Gesang der Aeneis vollzieht sich, noch ehe das Menschenspiel beginnt und während es schon im Gange ist, gleichsam auf einer oberen Bühne der Kampf der göttlichen Absichten, die Austragung der göttlichen Rivalität. Da ist Juno, die Schutzherrin Karthagos, den Trojanern seit dem Urteil des Hirten Paris feindlich gesinnt, entschlossen, die Ansiedlung des Aeneas in Italien zu verhindern oder doch zu verzögern. Ihr gegenüber steht Venus, die Mutter des trojanischen Helden, der nichts anderes am Herzen liegt als eben jener Zug nach Westen, die Erfüllung der alten Prophezeiung, die das Fortleben Trojas bestimmt. Ihr, der Schönen, flehentlich Bittenden, hat Jupiter seine Hilfe zugesagt, ihr springt er bei, als die mächtige Rivalin zu siegen droht. So vollzieht sich das Vorbestimmte, Aeneas landet mit seinen Gefährten am karthagischen Strand, gleich einer Vision seines eigenen Zieles der Landgewinnung und Städtegründung erscheint ihm die Stadt, in der alle Hände am Werke sind. Gastfreundlich aufgenommen, empfängt er Gewänder und Schmuck, gibt zur Gegengabe den Staatsmantel von Troja mit goldenen Bildern durchwirkt, Helenas Schmuck aus Mykene und das Perlenhalsband der Venus hin. Nicht der Wert dieser Schätze ist es, der die reiche Dido bewegt, sondern ihre Ehrwürdigkeit, der Hauch von Schicksal und Blut, der an ihnen haftet. Die geretteten Ahnenbilder, die Aeneas immer mit sich führt, zeigen den Fremden der Vergangenheit und Zukunft verhaftet, durch ihren Besitz stellt sich Aeneas sogleich außerhalb jener Schar barbarischer Bewerber, und seine Erzählungen tun ein Übriges, ihm den Nimbus eines Sohnes der Götter und weitgereisten Dulders zu verleihen. Denn wunderbar war die Schonung, die ihm, der doch unermüdlich den Kampf suchte, inmitten der tobenden Haufen zuteil ward, wunderbar die Zeichen, die er erfuhr, der Komet, der über dem Palaste zum Ida hinzog, die bläulichen Flammen auf des Knaben Askanius Haupt. Das Kind ist beim Gastmahl anwesend, Dido hält den vom Wein Ermüdeten auf dem Schoß, liebkost den Schlafenden, dessen Entrückung und Ersetzung durch Bacchus nichts anderes bedeuten mag als die liebeserweckende Macht des kindlichen Abbilds, das sich streicheln und kosen läßt, bei dem man über der Zukunft die Vergangenheit vergißt. Mittlerweile erzählt der Vater von seinen Irrfahrten, von der vergeblichen Suche nach dem Stammsitz des dardanischen Geschlechts. Immer herrlicher erscheint er der Lauschenden, sein Bild verfolgt sie, seine Stimme klingt ihr im Ohr die ganze Nacht, und als am folgenden Tage die Schwester Anna klug dazu rät, den Schiffbrüchigen festzuhalten als Ehegatten und Schützer der Stadt, da bedarf es für Dido schon keiner Vernunftgründe mehr, der ehestiftenden Juno das Opfer zu vollziehn.

Durch eine prunkvolle Jagd gedenkt sie nun den Gast zu ehren und will allen Glanz ihres reichen Hofes entfalten, um ihn die Weiterreise vergessen zu lassen. Göttliche Zwiesprache belehrt uns, daß Aeneas und Dido auch jetzt nichts anderes sind, als Gebundene und Geführte, daß ihnen mit Donner, Blitz und Regenfluten die Gelegenheit geschaffen werden soll, allein zu sein und sich ihrem Verlangen hinzugeben ohne Bedacht. Und wie sich nun vor unsern Augen die Jagd abspielt, Wildziegen über die Hänge stürmend, Hirsche in Rudeln dahinfliehend, Eber und Löwen von Askanius auf feurigem Renner bedrängt und inmitten dem allem Aeneas, schön wie Apollon, – da sehen wir auch schon den Regen niederströmen, hören den Hagel prasseln und die Wildbäche zu Tale toben, – die Elemente, von den Göttern aufgejagt zu all ihrer schauerlichen Gewalt. In solcher Stunde zerreißen die Fesseln der Sitte, erscheint jedes Bedenken ein Wahn. Inmitten der aufgewühlten Natur in einer Grotte den Begleitern entrückt, feiern Aeneas und Dido ihre heilige Hochzeit, im Zucken der Blitze entfaltet Dido ihre urweibliche Macht. Von dieser Stunde an ist Aeneas ihr verfallen wie sie ihm, er denkt nicht mehr an die Weiterreise, seine Mission ist vergessen. Und während er, ein zufriedener Prinzgemahl, an der tätigen Mithilfe an Didos Werk Genüge findet, geht der Winter dahin.

Inzwischen aber nimmt das Spiel auf der oberen Bühne seinen Fortgang. Fama, die Nachrede, das eilige Geschwätz der Gasse, die furchtbare Macht des Menschenwortes, Fama hat die Kunde von Didos Preisgabe zu Jarbes getragen, und dieser, ein Sohn des Zeus, fleht den Vater um Rache an. Da erinnert sich der wunderlich Vergeßliche seines Versprechens an Venus, das Rad der Geschichte, das eine Weile lang still zu stehen schien, beginnt sich wieder zu drehen, Aeneas soll weiterreisen, soll das Reich gründen, und in Gestalt des Hermes wird dem Säumigen ein mahnender Bote geschickt. Und wenn auch Aeneas die Botschaft ohne alle Freude, nur mit einem dumpfen Erschrekken empfängt, so denkt er doch keinen Augenblick daran, sich aufzulehnen gegen das göttliche Gebot. Er fürchtet, Dido wehe zu tun, fürchtet ihre bannende Macht, die Gewalt ihrer Leidenschaft, die jederzeit ins Bedrohliche umschlagen mag. Und da er den unabänderlichen Weg zu gehen sich anschickt, tut er es heimlich, rüstet heimlich zur Abreise und will sich fortstehlen wie ein Dieb.

Mit dem Augenblick seines Entschlusses ist Dido schon entlassen aus dem weitertreibenden Geschehen. Aber nun erweist es sich, daß sie einem andern Zeitalter angehört als die Frauen der homerischen Zeit. Der Gnade der Unschuld nicht mehr teilhaftig, kann sie nicht zurückkehren in ihr früheres Selbst, sie hat sich preisgegeben, und da sie Vergangenheit und Zukunft überschaut, erkennt sie, daß sie außerhalb der Liebe nicht mehr zu leben vermag. Flehend und drängend sucht sie Aeneas zu halten. Um seinetwillen ist sie im Lande verhaßt, um seinetwillen hat sie Scham und Stolz verloren, die Reinheit und Heiligkeit, auf der das Geheimnis ihrer Herrschermacht beruhte. Kein Pfand der Liebe ward ihr im Schoße erweckt, kein Sohn wird ihr aufwachsen zu Verteidigung und Schutz. Ihren Klagen setzt Aeneas das Recht seiner Sendung entgegen. Aber durch sein Widerstreben erwächst in Dido immer mächtiger die Urwildheit weiblichen Wesens und stellt sich der männlichen Aufgabe entgegen als das ewige Begehren der Triebe, das sich jähe verwandeln kann in Haß. Bald will sie dem Aeneas als böser Rachedämon folgen, ihn umkommen sehen im Sturm, dann wieder ihn begleiten, aller Würde entkleidet, geduldet, gedemütigt, einer Sklavin gleich. Um einen Aufschub nur läßt sie endlich bitten, und als auch dieser verweigert wird, irrt sie völlig verstört umher, sieht Blut im Wein, hört den todbringenden Uhuschrei und verliert sich immer tiefer in die Nacht des Wahns.

Und nun begehrt sie unbewußt schon zurück in die Obhut des väterlichen Gemahls, dessen Stimme sie aus dem Grabe lokkend und rufend zu vernehmen vermeint. Eine Zauberin ist am Hofe, die sich auf allerlei magische Künste versteht, von ihr läßt Dido den Scheiterhaufen besprechen, auf den sie das wächserne Abbild des Geliebten, seine Waffen und die Kissen und Decken des gemeinsamen Lagers legt. Die Zauberin verkörpert die der mythischen Dido eigene fremdländische Zaubermacht, sie ruft die finstere Dreiheit der Hekate an und verstreut Kräuter, die des Nachts mit eherner Sichel gemäht wurden, während Dido umherschleicht, einschuhig, ungegürtet, Salz in der Hand.

Solches magische Blendwerk ist nicht nur ein Vorwand für die selbstmörderische Absicht der Dido, noch schwankt sie zwischen Hoffnung und Verzweiflung. Der Morgen aber bringt die Entscheidung, Aeneas ist entflohen, nur der Anblick der auf hoher See tanzenden Schiffe wird der Erwachenden noch zuteil. Und nun drängt über Klagen, Verwünschungen und Rachepläne hinweg alles unaufhaltsam dem Ende zu, dem schrecklichen und doch einzig erlösenden Ende, dem Tod. Die Götter werden diesen Tod rächen, und wenn auch Aeneas das Ziel seiner Fahrt erreicht, so wird er doch vieles erleiden müssen. Zwischen Karthago und Rom wird Feindschaft herrschen, nicht nur der Menschen, sondern auch der Elemente.

Feindselig drohe Küste gegen Küste,
Rachgierig türme Flut sich gegen Flut,
Schwert blitze gegen Schwert,
Der späten Enkel Brüste

Entflamme unversöhnte Wut,

heißt es in der Schillerschen Nachdichtung, und auf die Prophezeiung der Rache folgt der Abschied vom Leben, diese großartigen und traurigen Worte, mit welchen Dido, auf dem Brautlager des Scheiterhaufens ausgestreckt, das Fazit ihres Lebens zieht.

Ich bin an meines Lebens Ziel,
Vollbracht hab ich den Lauf,
Den mir das Los beschieden,

Jetzt fliehet aus des Lebens wildem Spiel
Mein großer Schatten zu des Grabes Frieden.

Dido rühmt sich ihrer Taten und beklagt die Stunde, in der sich Aeneas ihrer Stadt genaht. Dann stößt sie sich das Schwert des Freundes in die Brust, ihren Angstschrei hören die Frauen, und noch kann Anna das Haupt der Sterbenden ans Herz drücken, deren letzter Blick in schmerzlicher Bewegung die Sonne sucht. Dann aber naht schon »in tausendfarbem Bogen, feucht vom Tau« die Goldbeschwingte, Iris, die, von Hekate gesandt, die Locke löst und die Seele zur Reise befreit.

Noch einmal taucht die Gestalt der Dido in der Aeneis auf. Im Zwielicht des unterweltlichen Waldes irrt sie umher; die tödliche Wunde in der Brust, begegnet sie dem weinenden Aeneas mit der Starrheit der zu keiner Verwandlung mehr fähigen Toten, mit unversöhnlichem Haß. In Dantes Inferno wandelt sie, der Schar der nur Wollüstigen entrückt, an der Seite Francescas traurig dahin. So bleibt sie für alle Jahrhunderte neben der Verkörperung einer fremden Welt und eines geschichtlichen Ereignisses die große unglücklich Liebende, die eine Zeit unermeßlichen Glückes mit dem Tode und ewiger Verdammnis bezahlt.

Eos

Wunderbar farbenreich, schimmernd in allen Reizen sinnlicher Freuden erscheint in der griechischen Sage das Bild der Eos, welche die Morgenröte verkörperte, aber auch den strahlenden Tag, und der alle Pracht des lichtdurchfluteten Himmels zu eigen war. Rosig sind ihre Arme und Hände, krokusfarben ihre Locken, golden erglänzen ihre Schuhe und die Räder ihres Wagens, sternenbesät umhüllt sie das weite wehende Gewand. Ihre großen, weitblickenden Augen strahlen allen Glanz der Morgenfrühe, und eine Glorie von rosigen Streifen umgibt ihr schönes Haupt. Fern von den tiefen Todesgeheimnissen der Erdgottheiten vollzieht sich ihre Bahn in der lichten Weite des Äthers, in einem Glanz und Brausen ewiger Freude. Sobald sie, dem Wagen des Sonnengottes vorauseilend, am Himmel erscheint, erheben sich die Winde in fröhlichem Reigen, stürzen die letzten der Sterne gleich einer Schar übermütiger Knaben vom nächtlichen Himmel ins Meer. Überall, wohin sie kommt, erhebt sich ein helles Lachen des Glücks. Denn ihr Nahen gleicht einer Todeserlösung, und der Tau, den sie ausgießt über die Fluren, bedeutet ein köstliches Labsal nach der Erstickung südlicher Nacht.

Doch steht neben diesem Bilde der rosenstreuenden, tauspendenden Jungfrau noch ein anderes von gefährlicherer Art. Denn Eos, die Schwester des Apollon, die Mutter der Winde und der Sterne, ist eine große Verführerin und Liebende, eine Gefahr für die Männer, deren Schönste sie sich zu Liebesgenossen erwählt. Diese Geliebten gehören der Erde an, kräftig sind sie und stark, Jäger, die der Unbill der Witterung trotzen, Krieger von unüberwindlichem Mut. Sie verkörpern die rasche

Handlung, den Willen zur vergänglichen Tat, dem das ruhige Sein der Götter immer wieder sich zu vermählen begehrt. Ihre vom schnellen Lauf erhitzten Leiber, ihre pochenden Herzen und die Berührung ihrer bluttriefenden Hände bedeuten der luftigen Himmelsbewohnerin die Einverleibung einer unbegreiflichen vergänglichen Welt. Um ihretwillen wird die Tauspenderin Eos zur blutsaugenden Verführerin, zur gefährlichen Nebenbuhlerin der irdischen Frauen.

Kein Wunder ist es, daß diese ihr zürnen und sie verfluchen. Von der Stunde der Morgenröte werden ja die Gatten getrennt, und der hereinbrechende Tag bewirkt, daß die Liebenden sich verlassen müssen. Die ersten hellen Strahlen, welche Eos den Göttern auf dem Olymp zusendet als ein Zeichen des Tagesbeginns, sind ein helles Flammenmal auch für die irdischen Helden. Zu lange währt den Erwachenden nun schon die Nacht, eng und schwül erscheint ihnen das Liebeslager, schon streben sie hinaus aus der bürgerlichen Umgrenzung in das neue Licht und den frischen Wind, in die freien Gefilde der bewaldeten Gipfel, an die Küsten des Meers. Zu Jagd und Kriegszug, zur Erprobung männlichen Mutes und männlicher Kraft locken die rosenroten Strahlen der Morgengöttin, und die sie lieben, begehren den Aufbruch, die Befreiung vom Alltag und die tödliche Gefahr. So lockt denn auch die Eos der Sage die Helden hinaus in die unermeßliche Freiheit der Wälder, immer weiter gen Osten, wo am Rande des Okeanos ihre leuchtende Heimat liegt.

Als ihr Geliebter gilt Orion, der wilde Jäger, dessen Jagdleidenschaft Eos so gewaltig zu entfachen wußte, daß er noch in den Gefilden der Unterwelt schattenhafte Rudel flüchtigen Wildes vor sich hertrieb, nachdem ihn um seines Einbruchs in die Bezirke der Himmlischen willen Artemis verdarb. Von Eos verlockt wurde auch Kephalos, ein sanfterer Orion. Ihn raubte die Göttin der Prokris, und wenn auch die Sage erzählt, daß Kephalos der Versuchung widerstand und sich nur dank der

List der schönen Zauberin mit der Gattin entzweite, so erreichte doch viel später und lange nach der Versöhnung die alte süße Verführung des Aufbruchs noch einmal sein Herz. Er folgte ihr hinaus in die wilde Natur, wie im Rausch der Liebe gab er sich der Freiheit hin, und in einer unbegreiflichen Verblendung der Sinne stieß er der eifersüchtig nachfolgenden Prokris die Waffe in die Brust.

Verhängnisvoll ist das Ende solcher Bindungen. Orion muß sterben, Kephalos stürzt sich sühneheischend vom leukadischen Felsen herab. Zum Unheil wird die Begegnung mit Eos auch für Tithonos, den über alle Begriffe Schönen, den sich die Himmlische zum Gatten erwählt. Denn wohl ist dieser ihr mehr als der Jagdgefährte eines einzigen Tages, wohl ist sein Äußeres dazu angetan, ihrer unbändigen Sehnsucht nach Schönheit Genüge zu tun. Aber er ist ein Mensch und den Gesetzen der Menschenwesen unterworfen, die aufblühen und vergehen. Zwar gewährt Zeus seiner schönen Dienerin die Bitte, ihrem Geliebten ewiges Leben zu verleihen. Aber während er bei Eos weilt, beginnt Tithonos zu altern, und der Göttin, die allmorgendlich sein Lager verläßt und allabendlich zu ihm heimkehrt in den goldenen Palast, entgeht die Veränderung nicht. Eines Tages ist er nicht mehr imstande, den schweren Bogen zu spannen, und bleibt im Laufe hinter ihr zurück. Sie bemerkt, daß seine Glieder ihre wunderbare Straffheit verlieren, daß seine Locken erbleichen und sein Blick des früheren strahlenden Glanzes entbehrt. In seinen Zügen entdeckt sie den furchtbaren Ernst und die Einsamkeit des Alters, und wie eine Befleckung und Schande empfindet sie, daß dieses menschliche Schicksal sich in ihrem Hause vollzieht. Sie flieht das Lager des Gatten, und als der Verfall sich fortschreitend des einst so vollkommenen Körpers bemächtigt, wird sie von Ekel erfaßt. Prächtig gekleidet und sorgfältig genährt, aber verbannt aus ihrer Gegenwart verbringt Tithonos die Jahres seines Greisenalters und wird endlich, damit sein Anblick die göttlichen Augen nicht unversehens beleidige, in eine Kammer gesperrt. Lange noch hallt der Palast wider von seinen Seufzern und Klagen, seinem schmerzlichen Abschied von der Geliebten, welche ihm nichts anderes bedeutet als die ganze schöne, erbarmungslos junge Welt. Endlich aber büßt auch seine Stimme ihre Kraft ein und erklingt im Flüstern nur noch wie das Zirpen einer Grille, das sich hinter den goldenen Wänden der verborgenen Kammer immer wieder erhebt und erlischt.

Während jedoch diese menschliche Liebesstimme körperlos und ergreifend forttönt in Eos' Palast, ist die Zauberin längst in neue Liebesabenteuer verstrickt. Mit immer neuer Lust, in jener Unermüdlichkeit, welche das Leben der Götter kennzeichnet, beginnt sie ihren Tageslauf, verscheucht die Sterne, erweckt die Winde und gießt den Tau auf die Fluren der Welt. Fern von ihr wächst als ein Mensch und Kriegsheld der Sohn Memnon auf, den Tithonos ihr erzeugt hat und dessen strahlende Erscheinung von seiner Lichtheimat Zeugnis gibt. Er ficht im Kampf um Troja, und mehr noch als ein gleiches Maß von Schönheit, Körperkraft und Mut verbindet ihn mit seinem Gegner Achilleus das gemeinsame Geschick. Denn von ähnlicher Herkunft sind beide, als die Söhne menschlicher Väter und göttlicher Mütter, und beider Lebenswege werden von kosmischen Mächten segensreich begleitet und bestimmt. Wie Thetis neigt auch Eos sich aus der Zauberwelt ihres Elementes liebend dem Sohne zu, wie jene drängt es sie, nun im eigenen Fleisch und Blut teilzunehmen am menschlichen Geschick. Als der Jüngling sich zum Kampfe anschickt, teilt sie die Wünsche seines jungen Herzens nach Menschenehre und Menschenruhm, und wie die Mutter des Achilleus bittet auch sie den göttlichen Schmied Hephaistos, dem Sohne Waffen zu schmieden, die an Schönheit, Kraft und Biegsamkeit nicht ihresgleichen haben. Als nun die Helden einander in der Schlacht begegnen, sind beide unüberwindlich, und es kann nur der Spruch des Höchsten über den Ausgang ihres Kampfes entscheiden. Ängstlich neigen sich die Mütter über die goldene Waage, auf der Zeus die geflügelten Seelen abwägt, und als die eine der Schalen sich langsam senkt, weiß Eos ihren strahlenden Sohn dem Untergange geweiht. Bald trifft ihn das Schwert des Achilleus, und in furchtbarem Schmerz beklagt die Mutter seinen Tod.

Aber nun zeigt sich erst in aller Deutlichkeit die Leichtigkeit, die helle Erdenferne ihres Wesens: ihre Trauer gleicht nicht der schrecklichen Verfinsterung, in welche Demeter um ihrer Tochter willen verfiel, und wir hörten nichts von einer Unterbrechung ihres göttlich-segenspendenden Tuns. Nur von der großen Liebesmacht der Göttin ist die Rede, von derselben Macht, mit der Eos einst die Helden an sich zog und mit der sie nun auch die Gesetze der Unterwelt bezwingt. Denn wie einst die Helden geraubt wurden, um der schönen Zauberin ganz zu gehören, so wird nun auch Memnon auf wunderbare Weise entführt. Noch ehe er den Weg ins Schattenreich antritt, schickt Eos ihre Boten, Schlaf und Tod. Während die glühende Asche des Scheiterhaufens aufwirbelnd ihre Kreise zieht und sich verwandelt in Heere von Vögeln, die mit Schnäbeln und Krallen aufeinanderstürmend den Kampf der Helden fortsetzen, ist der Tote von den geflügelten Genien schon aufgehoben und fortgetragen in die Gefilde des Lichts. Auf solche Weise entrückt ihn die Mutter dem Grauen des Todes und schenkt ihm, im Bereich ihrer Liebe, ein neues und ewiges Sein.

Nachwort zur Neuauflage der ›Griechischen Mythen‹

Seit Goethe anläßlich einer Neuauflage von Werthers Leiden »seinen vielbeweinten Schatten« aufs neue beschwor, haben sich Dichter und Schriftsteller immer wieder mit ihren eigenen Hervorbringungen auseinanderzusetzen, sie auf den Stand ihrer gegenwärtigen Meinungen, auch der gegenwärtigen Forschung zu bringen oder sie, mit halbem Herzen, gelten lassen müssen als ein Stück ihrer Autobiographie. Ich halte es mit meinen in den dreißiger Jahren begonnenen, aber erst 1943 erschienenen ›Griechischen Mythen‹ nicht anders. Sie sind mir nicht mehr recht und dann doch wieder recht, wenn ich mich an ihre Entstehung erinnere, an meine ersten Reisen, an Griechenland und Unteritalien, an die Seminarbibliotheken in Königsberg und Marburg, wo ich auf eine philologisch recht bedenkenlose Weise mit dem Pauly-Wissowa und anderen Handwörterbüchern umging. Tatsächlich habe ich mir von allen Sagenfassungen die herausgesucht, die mir am meisten zusagten, auch gleichzeitig aus mehreren Quellen geschöpft und das Gewonnene zu einer neuen Erzählung zusammenfließen lassen. Die Altphilologen muß es damals geschaudert haben, nur indem sie mir eine Art von poetischer Narrenfreiheit gewährten, konnte die kleine Sammlung vor ihnen bestehen.

Den ersten Anstoß zu meinem Mythenbuch haben nicht gelesene Geschichten, sondern gesehene Vasenbilder gegeben. Bei unseren Wanderungen durch die Museen tauchten immer wieder die Fragen auf, was geht da vor, was wird da erzählt. Während mein Mann seinen archäologischen Problemen nachging, machte ich mir meine eigenen Gedanken, erkundigte mich wohl auch, wer ist der Jüngling in dem reblaubbekränzten Schiffchen, welcher Greis wird in den großen Kessel gesteckt und gekocht. Den zierlichen, manchmal recht lustigen Gestalten der Vasenbilder bin ich dann nachgegangen, in der Literatur, vor allem in der Tragödie schienen sie mir schwerer, ihr Schicksal tragischer, diese Unstimmigkeit zwischen Bild und Wort habe ich mir nie recht erklären können. Die Stoffe, mit denen ich damals umging, haben mich auch später noch beschäftigt, mein erstes Hörspiel hieß ›Jasons letzte Nacht‹, es ging da um das Schicksal des Jason und der Medea und um das alte Schiff Argo, das den gealterten Jason im Schlaf erschlug. Ein anderes Hörspiel behandelte die Legende vom Kreuz, der die alten Sibyllengeschichten zugrunde liegen. Erst nach dem Zweiten Weltkrieg habe ich mich aus dem Bann der Mythologie und dem der südlichen Landschaft gelöst und mich der Gegenwart und den Menschen unserer Tage zugewandt.

Januar 1972 *Marie Luise Kaschnitz*